STENDHAL
et le Beylisme

LÉON BLUM

STENDHAL
et le Beylisme

ÉDITIONS ALBIN MICHEL
22, rue Huyghens
PARIS

© Editions Albin Michel, 1947
22, rue Huyghens, 75014 Paris
ISBN 2-226-01753-4

A
LUCIEN HERR

PRÉFACE DE LA DEUXIÈME ÉDITION

Publié au printemps de 1914 par la **Revue de Paris** *dont Ernest Lavisse et Louis Ganderax m'avaient ouvert l'hospitalité amicale, cet ouvrage parut en volume chez l'éditeur Ollendorf au mois de juillet suivant. Je me souviens que le jour de sa mise en vente fut celui où commençaient les débats du procès Caillaux. Deux semaines plus tard, venaient la mobilisation, puis la guerre.*
Si les livres ont leur destin, on voit que celui-ci ne naquit point sous des auspices heureux. L'éditeur s'était préparé à le « lancer » comme on lançait les livres dans ce temps-là, c'est-à-dire par des opinions favorables d'écrivains. Henry Bataille, René Boylesve, Robert de Flers, pour ne citer que les morts, avaient promis des articles de tête, des « premier-Paris » dans les grands journaux. Je n'ai pas besoin de dire qu'aucun des articles promis n'eut le temps de paraître. Henry Bataille écrivit le sien, et m'envoya le manuscrit, que je possède encore. On a retrouvé dans les papiers

de René Boylesve les notes de lecture qui devaient servir à la rédaction d'une ample étude, et ses exécuteurs testamentaires en composèrent une plaquette qui fut éditée il y a dix-huit mois. En y joignant quelques pages d'Emile Faguet, qui couvrit toute ma carrière de critique d'un patronage infatigable, et quelques graves éloges de Paul Souday, voilà toute la presse de mon Stendhal.

Son apparition passa donc totalement inaperçue, et je fus surpris d'apprendre, il y a quelques années, lorsque le fonds Ollendorf fut cédé à la maison Albin Michel, que le tirage était à peu près épuisé. Tombé par hasard entre les mains de quelques lecteurs de rencontre, divulgué et signalé par eux, le livre avait cheminé sourdement, de proche en proche. Le grand public n'en avait jamais connu l'existence, mais il s'était acquis un nombre croissant d'amis secrets qui l'avaient « lancé » à leur façon. Cet ouvrage de mon âge mûr retrouvait ainsi le sort des livres de début, des essais de la première jeunesse. Je ne m'en plains pas pour lui.

Aujourd'hui, il n'en reste plus dans le commerce un seul exemplaire, en sorte que M. Albin Michel a bien voulu l'imprimer à nouveau et le présenter comme un ouvrage presque inédit. J'ai depuis lors, changé d'existence, presque aussi complètement qu'il puisse advenir à un homme, et il se peut que le bruit fait autour de mon nom dans cette vie nouvelle avive cette fois la curiosité. Mais le livre, lui, n'a pas *changé. Je me suis borné, en le révisant, à corriger quelques erreurs toutes matérielles ; je n'en ai pas modifié un seul mot.*

Certes, je n'ignore pas tout ce qui s'est publié depuis quinze ans sur mon sujet : je ne me suis pas séparé à ce point de tout intérêt littéraire. Si ce Stendhal était un ouvrage d'érudition, je ne doute pas qu'il eût fallu le refondre tout entier. Mais je n'avais jamais eu l'intention, ou la prétention, de fixer un état donné de la vérité historique, biographique, ni même critique au sens propre du terme. L'unique objet que je me fusse proposé était d'étudier un cas littéraire par les procédés du romancier étudiant un personnage vivant, de pénétrer jusqu'aux systèmes de sentiments et d'idées qui forment les particularités propres du modèle et qui peuvent livrer son secret, comme une formule livre le secret d'un parfum, de chercher ensuite, après la clé d'une œuvre qui ne ressemble à aucune autre, la loi d'une destinée tout aussi singulière. Ce genre de travail n'était pas à la merci de l'incessante découverte dont l'effort s'est développé autour de Stendhal. On achève de dépouiller et de publier ses manuscrits ; on s'applique à remplir les lacunes ou à éclaircir les points obscurs de sa vie. Mais aucune donnée essentielle ne s'est ajoutée, ni ne s'ajoutera sans doute, à ce que nous savons de l'homme et à ce que nous connaissons de l'œuvre. La matière a pu s'étendre, elle ne s'est pas transformée, et l'expérience que j'ai tentée sur elle n'a rien perdu de sa probabilité.

J'ai donc pu, sans excès de présomption, réimprimer le livre tel qu'il avait été écrit. En l'offrant à nouveau au public, j'éprouve un sentiment étrange et que je ne dissimule pas. Est-il vraiment de moi ? Il est d'un moi à qui tout me rattache et que je ne reconnais plus qu'à peine. Il me semble, en vérité, exhumer l'œuvre posthume d'un frère mort.

Un dernier mot. Celui à qui mon Stendhal était dédié, compagnon de toute ma vie d'homme et qui en a formé un des liens vivants, est mort depuis qu'a paru la première édition de ce livre. C'est au souvenir de Lucien Herr que j'offre encore la seconde : amico amisso.

L. B.

PRÉFACE DE LA TROISIÈME ÉDITION

Durant les dix années qui séparent la deuxième et la troisième édition de ce livre, la connaissance de la vie et des œuvres de Stendhal s'est considérablement enrichie. L'achèvement de la publication du Journal *a éclairci l'un des points obscurs de la biographie, je veux dire la nature des rapports qui lièrent la comtesse Pierre Daru à notre héros. Le personnage de Mélanie Louason a été étudié par Paul Arbelet. Grâce à Louis Royer et à M. Henri Martineau, pour ne nommer qu'eux, l'histoire des amours de Stendhal avec la comtesse Curial et avec Mme de Rubempré a été en grande partie reconstituée ; certaines de ses liaisons passagères ont été révélées; le rôle joué, dans des phases très distantes de sa vie, par les amitiés protectrices de la comtesse Beugnot et de Mme Georges de Tracy a été fixé. D'autre part le croisement de la curiosité stendhalienne, plus active que jamais, avec le mouvement récemment formé de la curiosité mériméenne, a déjà procuré des résultats importants. On sait au-*

jourd'hui, par exemple, que la jeune Mary de Neuville, dont Stendhal connut l'aventure par Mérimée, fut l'un des originaux vivants de la Mathilde du Rouge et Noir.

Je pourrais multiplier ces indications. La précaution que je prenais en présentant au public la seconde édition de ce livre est donc plus nécessaire que jamais. S'il était un ouvrage d'érudition, il faudrait le laisser oublier, ou le refaire tout entier. On n'y trouvera assurément pas, et bien loin de là, le dernier état de la connaissance stendhalienne. Mais mon dessein, en l'écrivant, était tout autre. L'unique objet que je me fusse proposé — je m'excuse de me citer moi-même — était « d'étudier un cas littéraire par les procédés du romancier étudiant un personnage vivant ». Or, le portrait que j'ai tracé de l'homme me paraît encore ressemblant, parce que l'analyse interne de l'œuvre dont j'en avais tiré les traits me paraît encore exacte. Il me semble même, en fin de compte, que les documents ou les faits les plus récemment mis au jour, vérifient mes vues essentielles plutôt qu'ils ne les infirment. Peut-être y a-t-il quelque présomption de ma part. La complaisance de l'auteur vis-à-vis de son œuvre, même lorsqu'elle appartient à une époque ancienne et entièrement révolue de son existence, est un sentiment dont on ne se garde ou ne se guérit jamais tout à fait. Mais je m'en remets, pour décider, au lecteur, qui est le seul juge.

L. B.
Février 1947.

STENDHAL ET LE BEYLISME

I

LA PERSONNE DE STENDHAL

Il est, dans l'histoire littéraire, des personnages qui déroutent les procédés ordinaires de la critique et qu'on se sent envie de traiter comme des personnages de roman. Stendhal appartient à cette famille d'esprits rebelles et singuliers, pour lesquels le goût prend un caractère tout personnel, et qui ont tour à tour souffert ou profité d'une sorte de partialité inévitable. On concevrait, à la rigueur, qu'un homme de système l'omît dans un tableau général de notre littérature, et l'on conçoit mieux encore que ses admirateurs tiennent son œuvre pour un des cas les plus importants et les plus représentatifs de la pensée moderne. Comme tous les artistes entièrement sincères, et qui n'ont jamais été prisonniers d'une école, d'une manière, ni même d'un succès, il est mobile, versatile, contradictoire. Comme tous les écrivains qui ont tiré leur matière de leur propre vie, il s'est à la fois beaucoup livré et beaucoup celé, si bien qu'en son œuvre on a peine à discerner ce qui est confession abandonnée ou déguisement volontaire. C'est donc en vain qu'on prétendrait lui appliquer une méthode rigoureuse et uniforme, prendre sur lui des mesures strictes. Déterminer la vérité du caractère est difficile ; le réduire à l'unité ou même à la simplicité serait sans doute impossible. Il faut procéder à la manière des romanciers, et, pour faire saillir le personnage, l'engager dans des épreuves ou dans des péripéties réitérées. Ce n'est qu'à travers des états successifs qu'on peut reconstituer son vrai visage-; c'est par tâtonnements qu'on peut atteindre les points centraux de sa sensibilité, ceux qui ont commandé son œuvre et sa vie.

C'est à entamer cette connaissance toute personnelle que nous voudrions aider le lecteur. Notre unique ambition est de l'introduire dans l'intimité d'un homme qui demeura secret à ceux mêmes qui ont vécu le plus près de lui, et pour qui l'amitié fut posthume, comme la gloire. On ne trouvera donc dans cette étude ni faits nouveaux, ni pièces inédites. Elle ne comporte ni une biographie entière, ni un examen critique dans son appareil complet et régulier. Nous n'avons cherché qu'à mettre en lumière la vérité profonde de la personne, les caractères fondamentaux de l'œuvre, et les seuls faits que nous ayons retenus sont ceux qui concouraient efficacement à cette présentation. Il eût été facile de les disposer dans un ordre plus convaincant, d'augmenter leur valeur probante par la rigueur apparente de l'enchaînement. Mais notre objet n'est pas de présenter une théorie forte ; c'est seulement de faire revivre un personnage réel.

Dans une recherche ainsi conduite, on est tenu d'accepter d'avance le risque auquel Stendhal lui-même s'est exposé, tantôt de se répéter, et tantôt de se contredire. Une circonstance qui lui est particulière vient, au surplus, aggraver la tâche : c'est qu'il faut chercher son être authentique sous des travestissements volontaires auxquels beaucoup se sont dupés, et qu'ainsi la plupart des documents critiques [1], spécialement des documents contemporains, sont un embarras plutôt qu'un secours. En revanche, cet examen contribuera peut-être à éclairer ce qu'il y a d'étrange, ou même d'unique dans sa destinée littéraire. Bien rares sont les écrivains à qui la postérité fut plus favorable que les jugements contemporains. Mais Stendhal est peut-être le seul qui, méconnu ou incompris durant sa vie, se soit trouvé en intelligence intime, en parenté étroite, avec le sentiment et la pensée d'un autre temps. Depuis trente ans, toute une suite de jeunes gens et d'hommes faits ont reconnu en lui, non seulement un devancier plus proche ou un ancêtre plus cher, mais un camarade et quelque chose comme un frère. C'est trop de dire que nous l'avons admiré ; notre admiration pour lui fut de celles qu'on partage avec un orgueilleux silence, comme un trésor ou comme un secret.

---

1. On en trouvera l'indication méthodique et complète dans la *Bibliographie* magistrale que vient de publier M. Henri Cordier.

Nous l'avons aimé ; son influence est passée dans notre vie, et, par un secret étrange, peut-être avons-nous transporté dans son œuvre un charme qui n'était qu'en nous-même, dans notre jeunesse et dans notre don.

Les historiens de l'avenir rechercheront si cette influence fut pernicieuse ou féconde, si, pour ces groupes d'adeptes que la passion stendhalienne unissait en de petites sociétés secrètes, la lecture infatigable du *Rouge et Noir* et de la *Chartreuse* fut vraiment, comme on l'a dit, une leçon d'énergie, ou si l'enseignement qu'en tiraient les fidèles ne tendait pas à l'inverse de l'action. Imagination qui se satisfait d'elle-même, dégoût de tout ce qu'on juge au-dessous de soi, rêverie paresseuse et dépitée du réel, ces éléments stériles ou déprimants entrèrent assurément, avec beaucoup d'autres, dans le beylisme. La drogue, à tout le moins, était entêtante, et l'avenir jugera, d'après les résultats acquis, s'il faut la tenir pour un tonique ou pour un toxique. Mais ce que nous pouvons déterminer dès à présent, c'est pourquoi elle a attendu si longtemps avant d'opérer, pourquoi, après des efforts incomplets et interrompus sur les générations intermédiaires, elle s'est trouvée agir sur nos plus récentes écoles d'écrivains avec une si pleine efficacité, ou, si l'on préfère, avec une si particulière virulence. Cet homme qui avait passé partout en étranger, pourquoi devait-il acquérir en nous, et spécialement en nous, une famille soudaine ? Par quel rapport ou par quel retour trouvait-il enfin son public véritable, un demi-siècle après sa mort ? C'est là précisément le mystère que nous pourrons peut-être éclaircir après que nous aurons essayé d'évoquer l'homme.

*
* *

« Pour juger au net de cet esprit assez compliqué, — dit Sainte-Beuve à la fin du *Lundi* qu'il lui consacre, — j'en reviendrai toujours à ceux qui l'ont connu dans ses bonnes années et à ses origines, à ce qu'en diront M. Mérimée, M. Ampère, à ce que m'en dirait Jacquemont s'il vivait, ceux en un mot qui l'ont beaucoup vu, et goûté sous sa forme première. » Ces quelques lignes font apparaître le malentendu initial qui a dérobé Stendhal à l'intelligence de tant de bons juges. C'est vers 1821 ou 1822, aux approches de la quarantaine, revenant d'un séjour de sept ans en Italie, que Stendhal a rencontré Victor Jacquemont chez l'idéologue Destutt de Tracy, J.-J. Ampère chez le critique d'art Delécluze, l'auteur des *Souvenirs* sur David, Prosper Mérimée chez le publiciste Lingay qui fabriquait des articles et des discours pour le compte du ministre Villèle. En revenir à ce que disaient de lui les amis de l'âge mûrissant, placer vers les quarante ans « ses bonnes années, ses origines, sa forme première », c'est admettre que le Stendhal de ce temps-là est le réel, l'authentique, celui dont les romans, tous publiés à des dates postérieures, seraient venus retracer ensuite les impressions ou les expériences. Mais, au contraire, le Stendhal de 1821, dans ce qu'il avait d'apparent et de visible, est un personnage composé, factice, en garde contre le monde, retranché, comme nous le verrons, derrière une armature artificielle de défense et qui ne déposait sa contrainte que la chambre close et la plume en main. En écrivant, il retrouve, avec un soulagement qu'il avoue, toute cette sincérité jaillissante qu'il comprime dans la vie du monde ou même dans les rapports d'amitié. Entre l'écrivain du *Rouge et Noir* ou de la *Chartreuse*, et l'homme qu'ont aperçu les contemporains, il n'existe donc, en réalité, nulle relation, ou du moins nulle ressemblance. Ni Jacquemont, ni J.-J. Ampère, ni même Mérimée n'ont connu le vrai Stendhal.

Le vrai Stendhal, c'est celui de l'éveil à la vie, des premières ambitions, des premières émotions, des premières souffrances ; c'est celui que nous ne connaîtrions par personne si nous ne le connaissions par lui-même. L'intérêt essentiel du *Journal* révélé par Stryenski et M. de Nion, de la *Correspondance*, et surtout des lettres publiées par M. Paupe d'après les autographes Chéramy, est de démontrer, pour qui sait lire, cette vérité primordiale. Les notes que Stendhal griffonnait, en 1803, à vingt ans, dans sa petite chambre de Paris, les lettres qu'à la même époque il adressait à sa sœur Pauline, demeurée, elle, à Grenoble, dans la maison paternelle, se relient directement, sans transition, au *Rouge et Noir* et à la *Char-*

treuse ou, pour mieux dire, le *Rouge et le Noir* et la *Chartreuse*, écrits l'un à quarante-sept ans, l'autre à cinquante-six, n'en sont que le développement réfléchi et la mise en œuvre romanesque. Les traits les plus frappants de la sensibilité de Stendhal comme de son originalité littéraire — et l'une se confond avec l'autre, puisque son œuvre entière, à tout prendre, n'est qu'une autobiographie franche ou détournée — sont la précocité et la permanence. Quand on relit la *Correspondance*, il arrive à chaque instant, sous le choc d'une pensée ou d'une formule, qu'on remonte à la date de la lettre, puis qu'on recherche dans sa mémoire la date de naissance (1783), pour s'écrier avec stupeur : « C'est un jeune homme de vingt ans qui s'exprime ainsi ! » Il n'y a peut-être pas d'exemple, au même âge, d'une formation aussi complète, aussi dense, d'une consience de soi-même aussi claire, d'une personnalité si spéciale et si soigneusement préservée.

Ce caractère original s'est conservé chez lui intact, sous les manières d'emprunt et les attitudes volontaires. Il est demeuré, si l'on peut dire, la part souterraine et fraîche de sa vie intime, pour jaillir et s'épancher librement dans son œuvre écrite. Chronologiquement, ses livres sont d'un homme mûr ; psychologiquement, ils sont d'un jeune homme, en ce sens qu'ils sont gouvernés par les premières idées et alimentés par les premières impressions. Peut-être, à première vue, pourrait-on justifier par là que son influence se soit exercée surtout sur des jeunes gens, ou tout au moins sur des hommes qui l'avaient aimé dès leur jeunesse. Les âges différents de la vie ne se comprennent plus entre eux. Il est des œuvres qui s'accordent parfaitement avec une phase précise de l'évolution personnelle, mais qui ne correspondent qu'à celle-là, et dont il ne faut aborder la connaissance ni trop tôt, ni trop tard. La conséquence certaine, en tout cas, c'est que, pour comprendre exactement Stendhal, il faut se placer, non pas au moment où ses livres furent écrits, mais au moment où se sont formées les impressions dont il a composé ses livres. La société de la Restauration, où tant de critiques s'obstinent à le situer, ne fut pour lui qu'un milieu étranger, inerte, auquel d'ailleurs il ne se mêla qu'à peine, et qu'il jugea toujours en homme de parti. Le Grenoble de son éducation, et surtout le Paris de ses débuts dans le monde, c'est-à-dire le Paris du Consulat et des premières années de l'Empire, voilà quels furent les milieux favorables, les champs de culture de sa sensibilité. C'est alors que se produisirent les actions ou les réactions fécondes, et que s'amassa la matière sur laquelle il ne cessa plus de subsister. Pourquoi cette matière ne s'est-elle pas renouvelée ? Nous tenterons de le justifier plus précisément, le moment venu ; mais on peut sans doute, dès maintenant, pressentir la cause de ce phénomène proprement stendhalien. Elle tient à ce que la vie de Stendhal fut toujours mobile, errante, à fleur de sol, à ce qu'on ne le voit jamais fixé dans une carrière stable, dans une société définie, ou même dans une résidence durable. Passager oisif ou fantaisiste, éternel déraciné, il se trouva non seulement livré, mais réduit à ses impressions de jeunesse, parce qu'aucune construction cohérente n'était venue les surmonter. Les fondations du caractère sont profondes, spacieuses, mais elles n'ont jamais été recouvertes. L'édifice s'en est tenu là.

Réaliser dans l'âge d'homme les rêves de la jeunesse, c'est ainsi qu'un poète a défini le bonheur. Ces rêves, chez Stendhal, avec tout ce qu'ils comportaient de déceptions et d'aspirations interrompues, se sont prolongés la vie entière sans se réaliser jamais. Sa vie intime est une jeunesse continuée, qu'il a exprimée ou plutôt confessée dans son œuvre avec une clairvoyance à peine accrue par l'expérience et par l'âge. M. Paul Bourget l'a fort bien dit : « Depuis sa dix-huitième année, il n'a rien acquis, sinon plus d'ampleur de ses tendances premières. » Il n'a rien acquis, et surtout, fait plus rare et plus significatif, il n'a rien perdu. Quand nous cherchons à nous représenter Stendhal, ou quand nous imaginons Julien Sorel, ce qui n'est pas une opération très différente, gardons-nous d'évoquer l'époque où parut son histoire, c'est-à-dire le Paris de 1830. Toute la mélancolie d'un livre comme *Lucien Leuwen* — un des romans que Stendhal a laissés inachevés — tient à ce sentiment dépaysé : que ferais-je aujourd'hui dans le monde ? Ni lui ni ses héros ne pouvaient se former dans une société redevenue raisonnable et régulière, où l'on n'avançait plus que par hiérarchie, où l'intrigue même était médiocre. A la place de ce juste milieu bourgeois qui permettait les carrières heureuses, mais non plus les grandes fortunes, il leur fallait le moment critique qui suivit l'exaltation révolutionnaire, le moment où les fondements de l'ordre ancien recommençaient à s'élever de la confusion universelle. Il fallait qu'une sorte de contradiction sociale vînt à la fois susciter et contrarier les mêmes sentiments, provoquer et décevoir les vertiges d'une imagination sans patience. Pour le développement d'un Stendhal, cet état d'incohérence était le milieu choisi, comme il devait précisément l'être ensuite, pour l'apparition des générations stendhaliennes.

**

L'adolescent qui devait, une vingtaine d'années plus tard, choisir le pseudonyme littéraire de Stendhal, débarqua à Paris un matin de novembre 1799, quelques jours après le dix-huit brumaire. Il comptait près de dix-sept ans, étant né le 23 janvier 1783, à Grenoble, d'où il arrivait tout droit par la voiture publique, en compagnie d'un M. Basset ou Rosset, vague connaissance de son père. Les biographes, et particulièrement M. Arthur Chuquet, nous ont fourni tous les renseignements souhaitables sur la famille, tant de ce père, Chérubin Beyle, ci-devant avocat au Parlement de Grenoble, que de sa mère Henriette Gagnon. Le milieu était de bourgeoisie aisée : avocats, médecins à vagues prétentions nobiliaires. Les Beyle sortaient d'une vieille souche dauphinoise. Quant aux Gagnon, Stendhal se plut à imaginer plus tard, d'après les vagues récits d'une tante, qu'ils étaient d'origine italienne, « qu'un M. Guadagni ou Guadaniano, ayant commis quelque petit assassinat en Italie, était venu à Avignon, vers 1650, à la suite de quelque légat... »

Quelle avait été son enfance, nous le savons par le fragment d'autobiographie qu'il rédigea vers 1835, à Rome, sous le titre de *La Vie d'Henri Brulard*[1]. La sincérité en est si crûment évidente qu'on perdrait sa peine à l'affirmer à nouveau contre les critiques qui l'ont suspectée. Stendhal ne possède que deux formes de mémoire, la mémoire affective et la mémoire visuelle. Il retrouve, après trente ans écoulés, le plein contenu d'une émotion, ou plutôt il la revit sous le moindre appel, l'éprouve à nouveau dans toute son intensité, dans toute sa saveur spécifique. De même qu'il rééprouve, il revoit : ses manuscrits sont encombrés de plans marginaux montrant, en regard des scènes qu'il relate, la place respective des personnages et jusqu'à la disposition des meubles. D'une circonstance qui devait pourtant mar-

---

1. Il est important, si l'on se reporte au texte, de consulter l'édition Champion où l'ordre logique des chapitres est rétabli et où sont restitués des passages essentiels pour le biographe.

quer dans sa vie, sa première arrivée à Milan, il conservera cette seule impression : au coin de quelle rue il rencontra son cousin Martial Daru. En revanche, il ne garde le souvenir des faits ni dans leur contexture ni dans leur succession, c'est-à-dire qu'il n'a la mémoire ni des événements ni des dates. On peut donc jouer sans risque à le prendre en faute, à le mettre en contradiction soit avec lui-même, soit avec les documents positifs tirés de l'appareil historique, et l'on peut conclure, si l'on veut, que les renseignements de fait fournis par Stendhal sont dénués, pour l'historien, de toute valeur certaine. Mais, quand il s'agit de ce qu'il éprouva, de ce qui a pu l'émouvoir ou le blesser, son témoignage est valable, et il faudrait s'y fier aveuglément, même si nous n'avions pas le reste de son œuvre pour en contrôler l'exactitude. Quand il nous dit que son enfance fut dénuée, contrainte, ingrate jusqu'à la souffrance, c'est qu'elle le fut.

Né quelques années plus tôt, il eût été sans doute un enfant heureux. Le médecin Gagnon, son grand-père maternel et le chef réel de la famille, paraît, de son propre aveu, un vieillard spirituel, poli, tendre de cœur et charmant de façons. Grenoble était ville de Parlement ; noblesse locale et gens de robe y formaient une société cultivée où les Gagnon-Beyle tenaient leur rang. Mais tout se trouva gâté pour le petit Henri Beyle par la crise publique et par une catastrophe privée. La Révolution, à Grenoble comme ailleurs, suspendit ou brouilla la vie de société. L'émigration dépeupla les salons; de la contrariété des opinions et de la peur naquirent les dissensions intimes et la haine. D'autre part, Henri Beyle avait six ans quand il perdit sa mère, qu'il adorait. Du coup, les relations avec le dehors, déjà compromises par la difficulté des temps, s'interrompirent de façon à peu près complète. L'enfant grandit dans une maison en deuil, habitée de visages sévères, sous la tutuelle d'un vieillard tendre, mais las et qui ne se releva jamais de son chagrin, doublement orphelin, puisqu'il n'aimait pas son père. Entre Chérubin Beyle et sa jeune belle-sœur Séraphie Gagnon se nouait bientôt une intimité suspecte, ou que, du moins, l'enfant s'imagina telle. Il prit en aversion cette tante Séraphie, despotique et bigote, qui tenait la place de sa mère et en exerçait aigrement l'autorité. Avait-il vu clair dans l'intrigue familiale ? Etait-il vraiment, entre son père veuf et sa tante, le témoin incommode, l'obstacle à un remariage ? Nous l'ignorerons toujours et peu importe. Il suffit qu'il se le soit imaginé.

Puis vinrent les tourments de l'éducation avec ce « maître tout noir », cet abbé Raillane dont il nous a laissé un portrait peut-être injuste, mais assurément véridique à ses yeux. Chérubin Beyle a voulu donner un précepteur à son fils. Seul dans une chambre étroite, éclairée par un jour de souffrance, l'enfant déchiffre Virgile à grand peine. Il subit avec une sorte de révolte les leçons du tyran borné qui ne répondait jamais à une question directe, et, en dépit du grand-père Gagnon, lui enseignait l'astronomie de Ptolémée. Les serins favoris de l'abbé Raillane empestent la chambre. Sur la terrasse, au coin des caisses d'oranger, il mange en silence le pain sec de son goûter. Opprimé, il est devenu haineux, sournois, un peu fripon, l'esclavage créant tous les sentiments serviles. Tandis que ses incartades d'enfant, exploitées par la tante Séraphie, deviennent les signes évidents d'une nature perverse, lui se juge persécuté. Il est l'enfant rêveur et triste que l'on croit sauvage. Entre sa famille et lui, nulle communauté, d'abord parce qu'il se contracte hostilement sur lui-même, et puis parce que, chez ces bourgeois retirés du monde, claquemurés dans leur deuil, tous les sentiments mesquins se sont développés et aigris. On ne s'occupe que de l'argent, dont l'idée obsède et qu'on affecte cependant de mépriser. On ne reçoit personne à la table de famille, exception faite pour quelques prêtres insermentés. Stendhal n'a pas le souvenir d'une invitation faite ou agréée, et, quand il ira voir ses cousins Daru lors de son arrivée à Paris, ce sera « exactement la première visite qu'il faisait de sa vie ». L'unique distraction, plus odieuse que le travail, consiste dans les promenades en tiers avec son père et Séraphie. Il marche en avant du couple, solitaire et probablement importun, mais on exige que cette corvée lui fasse l'effet d'une récompense et qu'il ait l'air de prendre du plaisir. On ne supporte pas sa gaieté, qui est rare cependant, mais qu'on tient pour une inconvenance. Si un livre l'a fait rire, on le lui reprend et il lui faut achever *Don Quichotte* en cachette. Surtout, il n'a pas de camarade. « Tout mon malheur peut se résumer en deux mots : on ne m'a jamais permis de jouer avec un enfant de mon âge. » Il dit ailleurs qu'il n'a jamais « joué aux billes ». Sur ces bourgeois livrés à eux-mêmes, la morgue et le souci de la « distinction » ont acquis peu à peu un tel empire que nul enfant ne leur semblait un compagnon digne du leur. Aussi de quel œil, pendant ses sorties avec l'abbé, suivait-il les garnements libres et nus qui se baignaient dans l'Isère. Il ne faut pas sourire de ces petites blessures. En relisant *Henri Brulard* on en vient presque à envier pour Stendhal l'enfance d'un Michelet, déchirée sans doute par de vraies misères, mais à laquelle n'a pas manqué l'aliment du cœur.

Chez les enfants, le bonheur développe une sorte de placidité béate, ralentit ou même assoupit la faculté de réaction contre le dehors. La souffrance, au contraire, rend précoce, éveille la curiosité et l'indépendance du jugement, favorise les réactions ou les révoltes contre le milieu, avive la sensibilité qui, chez Stendhal, était déjà, de naissance, spécialement aiguë et impressionnable. Sensibilité à besoins exigeants, tout à la fois psychique et physique, que tout ébranle et qui prend presque aussitôt la forme de l'attendrissement. Beyle enfant est attendri jusqu'aux larmes et jusqu'aux battements de cœur par le son des cloches, par la

« douce couleur orangée » qui dessine le contour des montagnes au crépuscule, par un regard de son oncle Romain Gagnon, lequel n'est pourtant qu'un fat de province, « léger et parfaitement aimable ». Il refoule ces attendrissements, par pudeur jalouse, mais il s'y complaît, parce qu'ils soulagent sa nature vraie, qu'ils animent sa solitude, et peut-être aussi parce qu'ils s'opposent en un fort contraste à la sécheresse guindée des siens. Cette émotivité désordonnée devait persister en lui toute sa vie, mais de plus en plus dissimulée par la pudeur, la prudence et l'habitude d'être incompris, fût-ce des plus proches. Elle échappa toujours à « ceux qui l'ont connu », comme dit Sainte-Beuve, et qui ne perçurent en lui qu'une affectation cynique de sécheresse et d'ironie. Dans *Henri Brulard*, après avoir relaté une des secousses vives de son adolescence, il ajoute : « Le cœur me bat encore en écrivant ceci, trente-six ans après. Je quitte mon papier, j'erre dans ma chambre, et je reviens écrire. » Le souvenir l'étouffe comme faisait l'émotion même, « change dans un instant toutes ses bases de jugement » et, s'il conserve des faits une mémoire si peu distincte, c'est précisément que l'intensité de la sensation a tout absorbé.

Un peu d'entraînement corporel, de ce qu'on appelle aujourd'hui « culture physique » aurait pu faire contrepoids à cette sensibilité anormale. Mais, sauf la marche, à supposer qu'on puisse qualifier de ce mot sportif la traînerie pesante des « sorties », on n'accoutuma l'enfant à nul exercice. Pas d'équitation, et c'est en gagnant l'armée que ce futur officier de cavalerie devait se jucher pour la première fois sur un cheval. Tante Séraphie retarda tant qu'elle put l'initiation au sport traditionnel des provinces : la chasse ; encore ne fût-ce jamais que de la promenade avec un fusil, et non la chasse véritable « où l'on trouve la faim, la pluie, l'excès de la fatigue ». Education molle de cloître et de serre chaude tout ensemble, qui devait faire de lui une sensitive, comme sa vie le prouve, et « une poule mouillée », comme lui-même le dit. Le développement exclusif de l'appareil sensible avait pour toujours rompu l'équilibre. Il avait alors et conserva les nerfs délicats, la peau sensible d'une femme. Il contracta et ne perdit plus l'habitude de la rêverie, le goût de la vie intérieure ou plutôt de l'entretien solitaire, et cette attitude devant la vie, à la fois avide et inerte, que donne l'attente indéterminée du bonheur.

Une émotivité déréglée rend susceptible ; la sensibilité précoce rend vain, l'enfant qui s'observe et se suffit se croyant par là même un personnage. Ainsi se développa la susceptibilité extrême dont Stendhal souffrit toute sa vie et qui se trouva compliquée et souvent faussée par une extrême vanité. A cet égard encore, l'éducation avait pesé sur le penchant inné de sa nature. Les Beyle, tout en opprimant leur fils, étaient, dans le fond, très fiers de lui ; et d'ailleurs quelque signe en lui devait frapper, ne fût-ce que l'accent involontaire des réparties, ou ce feu intérieur qui transparaît dans le regard des enfants précoces. On gourmandait le garçon rebelle et paresseux, mais on le jugeait promis aux plus hautes destinées. On le traitait en petit prodige, sans bien s'en rendre compte, mais sans que l'enfant s'y trompât. Aussi, quand il entra, vers treize ou quatorze ans, à l'Ecole centrale de Grenoble [1], ce qui représentait son premier contact effectif avec le monde, on constate que sa manière insociable, inassimilable au milieu, ne procède pas seulement de l'habitude de défense et de l'excès de nervosité, mais d'une certaine présomption méprisante. Il se sentit perdu parmi ses camarades d'école, autant que Julien Sorel parmi ses compagnons de séminaire. A la première sensation de liberté succédèrent bientôt la déception et les chagrins. Ces quelques années de vie scolaire qui auraient dû le modifier, s'il les eût absorbées dans l'état habituel, le laissèrent parfaitement intact. Nul de ses condisciples ni de ses maîtres n'entra en lui ou ne le fit sortir de lui-même. Telle était sa destinée : que la vie le maintînt ou le refoulât toujours sur son premier terrain d'émotion et de pensée.

*
* *

D'abord solitaire, puis isolé au milieu de compagnons étrangers, toujours sans lien avec

---

1. Les Ecoles Centrales, organisées par une loi de brumaire de l'an IV, comportaient, pour un petit nombre d'années d'études, un programme plus étendu que celui de nos lycées.

sa famille, il lui advint l'histoire ordinaire : il se rejeta de tout son cœur sur les livres. Pour lire, il commença par voler dans la bibliothèque du grand-père Gagnon comme Mathilde dans celle du marquis de la Môle. Il dévora indistinctement tout ce que contenait cette bibliothèque, bientôt mise à son service, sans compter les livres de son père et ceux du bon père Morlon, le premier qui lui ait fait connaître Shakespeare. Florian et Rousseau, Pline et l'abbé Prévost lui inspirèrent le même enthousiasme ingénu. Il lut Duclos et Saint-Simon, *La Nouvelle Héloïse* et *Grandisson* qui le faisait fondre en larmes ; il lut aussi l'Arioste et les *Contes* de La Fontaine. Une fois même, par aventure, fouillant en cachette un tas de livres brochés que son grand-père avait relégués dans un coin, il tomba sur un roman libertin, *Félicia ou Mes fredaines*, qui le rendit, à son témoignage, absolument fou. Eternelle consolation des enfants sans joie ! La lecture fut pour lui, comme pour beaucoup d'autres, le loisir et le travail, la conscience de soi-même et l'amitié. Mais ce n'est jamais impunément qu'on fait à travers les livres, et par eux seuls, l'apprentissage de la vie.

La première conséquence fut l'éveil prématuré de la curiosité amoureuse. A quatorze ans, il s'éprit, et passionnément à l'en croire, d'une jeune actrice nommée mademoiselle Kably, qui jouait la comédie et chantait l'opéra-comique au théâtre de Grenoble. « Si quelqu'un la nommait devant moi, je sentais un mouvement singulier près du cœur ; j'étais sur le point de tomber. » Il ne lui parla jamais, et se sauva comme un fou un jour que, se promenant sous les marronniers du jardin de ville, et « pensant à elle, comme toujours », il l'aperçut à l'autre bout de l'allée. Vers la même époque, il contracta un goût vif pour une jeune fille, Victorine Bigillion, dont les frères étaient ses condisciples. Mais, en relisant *Henri Brulard*, on pourra constater avec quelle netteté la différence entre les deux sentiments est marquée, et la comparaison fera saisir un autre effet de l'exaltation émotive et de l'habitude romanesque. Stendhal adolescent aimait passionnément mademoiselle Kably qu'il ne connaissait pas et qu'il ne voulait pas connaître, pressentant clairement que l'intensité de son amour était à ce prix. Il n'avait plus qu'une tendresse sage pour Victorine Bigillion qu'il voyait à sa guise et familièrement. C'est que, chez lui, l'avidité amoureuse, formée ou forcée par la lecture, alimentée par la rêverie, dépendait de l'imagination seule. Son idée de l'amour, toute fictive, ne pouvait s'étendre librement que dans le domaine de la fiction. Par le contact de la réalité, par la substitution de la personne vivante à l'être imaginé, cette illusion sentimentale devait fatalement se trouver ou contrariée ou déçue. Il était ainsi destiné, par son éducation même, à n'éprouver que des amours de tête ou plutôt, ce dernier terme étant pris ordinairement dans un autre sens, que des passions de tête, et la même influence éducative qui déterminait son idée de l'amour fixait dans un sens analogue sa conception du monde et de la fortune. Sur les données des romanciers et des poètes, les seuls qui fussent à sa portée, il construisait complaisamment des destinées imaginaires et une société illusoire. Une phrase fera sentir plus vivement que toute analyse ce mélange d'imagination livresque et de rêverie attendrie. Du monde où il allait bientôt pénétrer, il attendait « la joie pure de Shakespeare dans ses comédies, l'amabilité qui règne à la cour du duc exilé dans la forêt des Ardennes ».

Stendhal a prétendu qu'il n'avait été sauvé dans cette éducation que par le goût de la volupté et par ce qu'il nomme « l'espagnolisme ». Dans *Henri Brulard*, un personnage — sa grand-tante maternelle, Elisabeth Gagnon — a pour mission spéciale de représenter « les grands sentiments espagnols », c'est-à-dire le dégoût de ce qui est bas ou commun, le mépris de l'argent ou des affaires, la générosité, la notion de l'honneur telle qu'on la trouve dans le *Cid*. Mais il est parfaitement inutile d'imaginer que ce penchant noble procédât, par hérédité ou par influence, de la tante Elisabeth. Le danger des éducations heureuses est que l'enfant recueille sans contrôle les opinions et les habitudes de son milieu ; par un effet symétrique, les enfances contrariées développent comme un besoin d'universelle contradiction. Ce que Stendhal appelle son espagnolisme ne fut que cette réaction brutale d'une personnalité fortifiée par la solitude et la contrainte contre les idées du milieu familial. En toute matière, à tous égards, il prit aveuglément le contre-pied de Chérubin Beyle et de tante Séraphie ; il se plaça délibérément aux antipodes de leur façon de penser, de leurs façons d'agir. Il avait probablement, de naissance, le goût de la générosité et le sentiment de l'honneur ; cette tendance innée se fortifia du fait que Chérubin Beyle était mesquin et tenait chichement sa parole. Les Beyle étaient des bourgeois ; leurs soucis, leurs jugements, leurs habitudes sentaient la bourgeoisie : il n'en fallut pas davantage pour qu'il contractât l'horreur de « tout ce qui est bas et plat dans le genre bourgeois ». Horreur est trop noble, dira-t-il lui-même, mal au cœur serait plus juste, et ce sentiment demeurera assez susceptible pour lui faire prendre en dégoût toute une partie du comique de Molière. Les Beyle avaient le souci tenace de l'argent et du bien : Stendhal, bien qu'apte aux affaires, tint dès lors, et sa vie durant, pour une bassesse tout acte où peut se traduire la préoccupation d'un intérêt. Son père était dévot et sa tante Séraphie bigote ; ses premiers maîtres, et le dur Raillane entre autres, portaient la soutane : il devint donc irréligieux, avec la haine et l'obsession du jésuite, avec la conviction désormais enracinée que la religion n'est qu'un moyen de gouvernement fondé sur l'intérêt des prêtres et la crédulité des hommes. Cette opinion n'était alors qu'un lieu commun, qu'il aurait pu tirer directement de Voltaire. Mais Voltaire, qu'il avait lu de bonne heure, ne lui plaisait point ; le *Vicaire savoyard* et sa religion romantique l'avaient touché davantage, et la religion eût, sans nul doute, attiré d'abord l'enfant souffrant et tendre qu'il était sans ce tout-puissant besoin de s'opposer et de contredire. De même on le sent aristocrate de tempérament, ainsi que lui-même s'en est clairement rendu compte ; et pourtant, vivant entre des parents royalistes, il affecta tout aussitôt des sentiments de révolutionnaire et de patriote. Il essaya, par le moyen d'un faux papier, de se faire enrôler dans un des « bataillons d'espérance », sorte de bataillons scolaires formés d'enfants républicains. La mort de Louis XVI est un de ses souvenirs heureux, et il eut peine à cacher sa joie lorsque son père fut porté sur la liste des suspects. Enfin, se sentant ou se croyant environné de sentiments faux, d'intrigues captieuses, il contracta la haine de l'expression ambiguë ou du raisonnement tortueux ; il acquit ou fortifia en lui le besoin de tout ce qui est droit, certain, incontestable, et, sans le moindre don naturel, il se jeta dans les mathématiques où, du moins, l'hypocrisie n'est pas possible.

M. Emile Faguet a marqué avec son énergie d'accent habituelle cette manière récalcitrante et contredisante : « Il était imperméable. Nous subissons tous une multitude d'influences ; Stendhal ne peut pas en subir une. Il résiste de tout son cœur et de tous les points de son corps... C'est passion de révolte et manie d'antipathie... » Encore est-ce subir une influence et se laisser déterminer par le dehors que résister indistinctement et contredire de parti pris. Cependant rien n'est plus exact et plus fort que les formules de M. Faguet, sous la réserve d'une distinction capitale. La résistance, chez Stendhal, est un résultat acquis, non une tendance innée. En réalité, une éducation plus affectueuse et mieux adaptée eût façonné un homme différent. Le fond du caractère, sans doute, n'eût pas été atteint, car les soins les plus justement appropriés y échouent. Mais il n'était nullement impossible de procurer l'équilibre, de modérer certaines tendances dans leur croissance exclusive et démesurée. Lui-même a senti qu'avec un peu plus de tendresse on eût fait de lui « un niais comme tant d'autres ». Surtout, il se trouva meublé, par cet effort de réaction automatique, d'une abondance de goûts, d'opinions, de préventions qui pouvaient être différents de ce qu'ils furent, car leur choix ne dépend pas nécessairement du caractère, et, dans l'espèce, ne s'accordait qu'assez médiocrement avec le sien. Pourtant, il n'en changea plus guère, étant demeuré identique à lui-même dès son contact effectif avec la vie, et cette discordance entre la tendance naturelle et l'opinion acquise par contradiction n'est pas ce qui déroute le moins dans sa personne enchevêtrée.

Pour composer une image plus distincte du jeune Stendhal, tel qu'il arriva de sa province en brumaire an VIII, tentons de rassembler tous ces traits épars. Au physique, des yeux étincelants, une grosse tête lourde et crépue sur un corps malingre. Ce garçon de dix-sept ans avait l'apparence et la fragilité d'une fillette de quatorze. Au moral, « l'expérience d'un enfant de neuf ans et l'orgueil du diable ». Il n'a imaginé le monde qu'à travers les romans et il est incapable de s'adapter au monde réel, à la fois par manque d'usage et par défaut de clairvoyance, car le jugement ne peut se former sans cette « éducation des autres » à laquelle ses parents l'ont soustrait. Il est à la fois confiant et méfiant à l'excès : confiant par nature, par illusion romanesque, par besoin d'expansion, d'admiration, d'adoration ; méfiant par politique, par nécessité de défense, par habitude de chercher l'arrière-pensée intéressée derrière le conseil qu'on lui donne ou dans la lecture qu'on lui propose. Les hommes méfiants par système sont généralement les plus exposés à l'erreur. Mais quelle source infinie d'écoles et de déceptions quand la méfiance se complique d'abandons juvéniles et se combine avec une totale inexpérience ! Plus on calcule, plus l'on se trompe, et c'est l'histoire de Julien Sorel au séminaire. Par-dessus tout, une grande opinion et une constante occupation de soi-même, nées l'une et l'autre de la vie contractée et solitaire, un appétit de bonheur qui n'était qu'un immense besoin de détente, de l'enthousiasme, une aspiration candide vers les tâches nobles, le dégoût du mensonge, de la platitude et de la courtisanerie, et cette sensibilité maladive qui se blesse au sang de ce qui ne fait qu'effleurer les autres... C'était de quoi beaucoup souffrir.

⁂

Pourquoi venait-il à Paris et comment les Beyle avaient-ils consenti à ce voyage ? Le prétexte fut apparemment la nécessité de subir sur place l'examen de l'Ecole Polytechnique. Depuis deux ou trois ans déjà, il avait conçu « l'idée de génie » que les mathématiques pourraient le tirer de Grenoble. Il s'y était donné avec acharnement, à grand renfort de répétiteurs dont l'un — c'était un jeune homme du nom de Gros — laissa dans son souvenir une marque indélébile. Ce Gros fut un des quelques hommes que Stendhal adora « au point de leur déplaire », et son cas pourrait suffire à prouver que dans le récalcitrant universel de M. Faguet il y avait l'étoffe d'un disciple. Les leçons de Gros l'avaient mis en état d'obtenir un premier prix à l'Ecole centrale et très probablement d'être reçu à l'Ecole Polytechnique. Mais en fait, il ne se présenta pas aux épreuves d'admission, et, dès son arrivée à Paris, on le voit abandonner résolument ses études. Les mathématiques l'avaient tiré de Grenoble ; il n'en attendait pas d'autre office.

La vérité est qu'il arrivait à Paris dans cet état d'ambition, ou, pour mieux dire, d'aspiration indistincte, qui devait être celui de tant de héros romantiques. Il allait enfin connaître l'amour. Paris était plein de jeunes Kably qu'il oserait approcher cette fois et qui reconnaîtraient la beauté de son âme. Paris était la ville de l'aventure. Une femme dont la voiture verserait près de lui ou qu'il tirerait de quelque péril partagerait la passion sans bornes qu'elle lui aurait inspirée. Il mêlait en lui la curiosité effrénée de Chérubin, l'enthousiasme lyrique de Saint-Preux, l'application calculée de Valmont, car il avait lu les *Liaisons*, écrites à Grenoble à ce qu'on assure, et d'après des originaux qu'on lui avait désignés du doigt. Personne encore ne l'avait connu, mais il allait livrer son secret. Il méritait d'être aimé, il méritait de plaire, il méritait la gloire. Il serait bienvenu, fêté, au milieu d'une société qui « respirerait la joie pure de Shakespeare dans ses comédies » et qui subirait aussitôt le charme de son esprit. Cette préoccupation du monde et de l'effet qu'il comptait y produire était si vive qu'elle lui faisait oublier parfois jusqu'à son désir d'amour. Dans ce monde illusoire et ravissant, il ne lui suffisait pas qu'on le recherchât comme un comparse aimable. Il y voulait tenir un rôle plus important, celui du personnage célèbre dont le nom seul cause un émoi. Comment un adolescent dont la lecture fut l'unique passion n'aurait-il pas rêvé d'écrire ? Faire des livres à Paris, avec cent louis de rentes, a toujours été sa notion du bonheur suprême. Il avait déjà composé des vers. Il possédait déjà, « sur le beau littéraire », les idées qu'il conserva toujours. Pour tout dire, il se croyait du génie sans pouvoir encore décider si c'était pour le roman ou pour le théâtre, pour le métier de Molière et de son bien-aimé Shakespeare ou pour le métier de Rousseau.

Au lieu de cette ville enchantée, il trouva des rues boueuses, cernées dans un horizon bas et qui le désola tout aussitôt par sa platitude. L'absence de montagnes fut sa première déception. Son compagnon de voyage l'avait déposé dans un hôtel garni de la rue de Bourgogne. Il quitta l'hôtel, par économie, et prit une chambre sur le quinconce des Invalides. Il y traîna une existence d'étudiant gêné et mal nourri. Les quelques Dauphinois qui avaient été reçus, l'année d'avant, au concours de l'Ecole Polytechnique, le tiraient parfois de son gîte pour le promener dans Paris. Mais la ville lui semblait mesquine ; les arbres taillés des jardins publics lui faisaient horreur ; les cloches mêmes, à quoi il était si vivement sensible, le blessaient par un son criard. Il croisait dans leurs voitures rapides des inconnus qui ne s'apercevaient pas qu'il existât. Il n'oublia jamais « le profond ennui des dimanches ». Dans l'illusion que le métier dramatique s'apprend comme une suite de théorèmes, il avait acheté l'ouvrage d'un obscur esthéticien du temps, l'*Art de la Comédie,* mais il y cherchait vainement les recettes pour confectionner un livret d'opéra-bouffe ou une comédie en vers. Nulle aventure de femme n'était venue visiter sa vie. Bien loin de là, il lui fallait subir les récits de ses camarades dauphinois, affreux pour une âme romanesque, leurs débauches vénales ou leurs bonnes fortunes de hasard. Quelques semaines après son arrivée, la déception, la nostalgie, et les mauvais dîners qu'il mangeait seul dans « sa chambre économique » provoquaient une crise d'estomac. Un ex-chirurgien militaire, établi dans le quartier, le soigna fort mal. « Il me donna des médecines noires que je prenais seul et abandonné dans ma chambre qui n'avait qu'une fenêtre de sept à huit pieds d'élévation, comme une prison. Là, je me vois tristement assis à côté d'un poêle de fer, ma tisane posée par terre. » Enfin, son cousin Noël Daru prit pitié, lui conduisit le fameux médecin Portal, et l'emmena loger dans son hôtel de la rue de Lille.

Dès son arrivée, il avait rendu ses devoirs aux Daru qui, sans nul doute, avaient représenté pour lui « le monde », mais sa déception de mondain n'avait pas été moins dure que ses mécomptes de poète ou d'amant. Il avait fait deux découvertes également pesantes : l'une que la maison Daru était ennuyeuse, l'autre que son agrément et son mérite y passaient cruellement inaperçus. Noël Daru, le père, était un bourgeois rigide et digne qui traitait son hôte en gamin paresseux et ne concevait pas que ses parents pussent lui laisser ainsi la bride sur le cou. Le fils aîné, Pierre Daru, celui qui devait être le comte Daru et l'intendant général de la grande armée, était un bourreau de travail, d'un naturel fort rébarbatif, et qu'absorbaient ses fonctions au ministère de la guerre. Le fils cadet, Martial, avait un caractère affectueux et facile, mais sa liaison avec Stendhal ne commença qu'un an ou deux plus tard, et, de toutes façons, cet élégant d'ancien régime ne pouvait être « le cœur ami » qui lui manquait. Les femmes de la maison, c'est-à-dire madame Daru la mère et ses filles mariées — Pierre Daru étant encore célibataire — ne lui montraient qu'une bienveillance sèche et cérémonieuse. Aussi se tenait-il coi dans le salon et, du dîner entier, n'ouvrait pas la bouche. Il se sentait « inférieur et gauche en tout » dans une société qu'il jugeait « triste et maussade ». Etait-ce là Paris ? N'y avait-il pas de société plus aimable, et où un être comme lui fût compté ? Enfin, pour achever, M. Daru l'avertit un jour, d'un ton péremptoire, que Pierre le conduirait travailler aux bureaux de la Guerre. Ne pouvant tolérer davantage l'oisiveté du jeune provincial, les Daru, d'autorité, avaient fait de l'amoureux prédestiné un bureaucrate, et du poète de génie un gratte-papier. On connaît l'anecdote qu'il a reproduite dans *le Rouge et le Noir*. A la première lettre que Pierre Daru lui dicta, il écrivit *cella*, avec deux *l*, au lieu de *cela*. « C'était donc là ce littérateur, ce brillant humaniste qui avait remporté tous les prix à Grenoble ! » L'humiliation et la déchéance ne pouvaient guère aller plus loin.

Ajoutons cependant une désillusion bien mesquine, mais qui dut mettre sa part d'amertume dans ce cœur de dix-sept ans. Une fois aux bureaux de la Guerre, il aurait pu, par le crédit de Daru, entrer comme adjoint dans le cadre des Inspecteurs aux Revues, et, dans ce cas, il eût porté l'uniforme, un charmant uniforme rouge avec le chapeau brodé. Mais la place lui échappa, tandis qu'un jeune homme de son âge, Edmond Cardon, servi par les intrigues d'une mère habile, était nommé sur la recommandation des Daru et de Joséphine. Stendhal n'était pas envieux, mais il dut regretter l'uniforme. Il se consola trois mois plus tard, en en revêtant un autre, moins coquet. En mai 1800, il passa les Alpes pour aller rejoindre l'armée de Réserve et les Daru. Il arriva à Milan, au lendemain de Marengo, comme il était arrivé à Paris au lendemain de Brumaire. Il fut soldat, d'abord maréchal des logis, puis sous-lieutenant de dragons.

Ce passage dans la vie militaire est fort important pour la critique, en ce sens que Stendhal romancier devait en tirer plus tard une matière abondante. M. Arthur Chuquet a démontré par exemple que le Waterloo de la *Chartreuse de Parme* fut composé en partie avec les souvenirs de la campagne de décembre 1800 sur le Mincio. Mais on se méprendrait gravement en exagérant la part du soldat dans la formation de l'homme et du personnage. Tout compte fait, on pourrait retrancher ces dix-huit mois de campagne sans que rien s'en obscurcît, ni dans l'œuvre, ni dans le caractère. Sans doute, Julien Sorel a rêvé la gloire militaire ; sans doute Stendhal lui-même parle des beaux régiments de dragons qu'il voyait passer, enfant, et qu'il suivait d'un œil d'envie ; sans doute, il a fait suivre son pseudonyme, sur le premier livre où il l'adopta, des mots : ancien officier de cavalerie. Cependant, il ne fut jamais un soldat ; à aucun moment, il ne donna ou n'emprunta rien de lui-même à la vie militaire. Qu'on relise ses lettres à sa sœur Pauline durant son séjour en Italie ; il n'y est question que de paysages qu'il décrit ou de lectures qu'il conseille. Son *Journal*, à la même date, est d'une sécheresse particulière : il parle de sa santé, des opéras italiens et de ses progrès sur la clarinette, mais jamais un mot ne sent le soldat. Il est certain que le métier lui déplut. Stendhal était naturellement brave, cent incidents de sa vie en témoignent, mais d'une bravoure froide, sans élan, sans tapage, et il eut toujours l'horreur de certaines formes brutales et spéciales du courage guerrier. D'autre part, s'il avait de la bravoure, sa sensibilité et sa susceptibilité physique étaient extrêmes ; les fatigues, ou, pour mieux dire, l'inconfort de la vie de soldat durent le rebuter autant que certains contacts, et sa santé s'en accommodait mal. Le souvenir de la garnison de Bagnolo, près de Brescia, où l'on manquait absolument de tout, et même de *polenta*, pesa sans doute sur sa décision quand il se détermina à quitter le service. Pourquoi l'eût-il quitté d'ailleurs s'il y avait eu en lui l'âme d'un soldat, ou s'il avait été mordu, comme tant d'autres, par l'ambition de devenir un jour maréchal de l'Empire ? A dix-sept ans, il était sous-lieutenant de dragons ; à dix-huit, aide de camp du général en chef qui l'avait pris en amitié. Ces débuts faciles, la protection des Daru, dont l'importance croissait chaque jour, ouvraient des perspectives illimitées. Mais la vérité est qu'un seul genre de vie le tentait : celle de l'homme aimé dans une société prévenante ; un seul genre de succès : ceux de l'écrivain. Aussi, dès la fin de 1801, était-il résolu à donner sa démission. Il s'ennuyait, se portait mal, et ne songeait qu'à trouver des sujets de pièces dans ses lectures. Les Beyle le rappelèrent à Grenoble. Il y passa trois mois, assez gaîment, semble-t-il, puis Paris à nouveau l'attira. Dans une des notices nécrologiques qu'il a lui-même rédigées, il a prétendu qu'il avait quitté Grenoble pour suivre à Paris une jeune fille qu'il aimait. Il n'en est rien [1] ; cette fois comme la première, il allait à Paris pour réussir à sa façon, c'est-à-dire, pour aimer, écrire et plaire.

Le fait important n'est donc pas que Stendhal ait porté l'uniforme de dragon dix-huit mois durant, c'est qu'il ait passé ces dix-huit mois en Italie. Après sa première déception parisienne, peut-être eût-il docilement accepté sa vie de bureau, ou fût-il retourné sagement dans sa province, sans ce bain fortifiant qui rafraî-

---

[1]. Il ne pourrait s'agir en effet que de Victorine Mounier, et le *Journal* tenu pendant son séjour à Grenoble prouve qu'elle ne l'occupait qu'assez médiocrement.

chit ses inclinations essentielles. L'Italie lui en avait fourni, en quelque sorte, la vérification par l'exemple. Il rapportait cette triple conviction, fondée cette fois sur le fait et non plus sur l'illusion des lectures, que la beauté est réalisable, que l'amour romanesque existe, que le plaisir dans la société est possible. Il ne semble pas qu'il eût beaucoup regardé les tableaux de Brera ; plus tard seulement, il devint amateur de peinture. Mais il avait vu les lacs, les montagnes de Bergame ; il avait fréquenté leurs molles collines voluptueuses et leurs graves arrière-plans, les opéras italiens et les ballets à grand spectacle l'avaient enchanté du premier coup comme la réalisation concrète, tangible, de ses rêves. Son cousin Martial et l'ordonnateur Joinville l'avaient introduit à Milan dans un monde libre et charmant, où l'on ne redoutait que le *cant* et l'ennui. Dans les premières pages de la *Chartreuse,* lui-même a retracé le tableau de la société milanaise après l'arrivée libératrice des Français et ce vertige d'un peuple fou de joie. L'insouciance française et l'ardeur italienne, la gaieté désinvolte et la volupté sérieuse s'étaient mêlées par une sorte d'amour. On ne vit jamais, à Milan, de fête plus complète que les bals masqués de ce carnaval. Enfin Stendhal lui-même avait aimé. Il s'était épris d'une madame Angela Pietragrua exemplaire parfait de cette beauté lombarde dont le souvenir ne le quitta plus, facile sans doute, mais sincère et passionnée. Moins heureux en cela que Martial Daru ou que Joinville, il avait aimé sans récompense. Il était trop sensible et voulait trop faire le roué ; le Saint-Preux et le Valmont qu'il portait en soi s'étaient fâcheusement contrariés l'un l'autre. D'ailleurs, il manquait d'argent et n'avait qu'un seul habit, parfois décousu, comme celui du lieutenant Robert. Sa peine avait été dure d'assister en spectateur aux succès de Martial, quand lui, qui valait mieux et aurait su mieux aimer, restait méconnu. Du moins avait-il éprouvé qu'Angela était capable d'inspirer l'amour et de le comprendre. Il ne lui avait manqué, pour réussir, que l'expérience, ou encore un état plus brillant qui fixât sur lui les yeux. Ainsi l'épreuve italienne qui l'avait, sans nul doute, formé et dégrossi, qui avait mué l'adolescent en jeune homme, avait en même temps ravivé tous les appétits, toutes les exigences de son cœur. A ses chimères une fois trompées, l'Italie avait fait entrevoir comme une matérialisation possible. Cette crise de croissance avait laissé intact l'équilibre premier du caractère et n'avait fait que consolider, avec les autres forces de son être, sa capacité d'attente et d'émotion.

*
* *

Il ne siérait pas de pousser les choses au tragique. Stendhal n'est pas le premier jeune homme qui soit venu de sa province chercher à Paris le plaisir ou le succès. Considéré du dehors, son cas est le même que celui de Diderot, de Marmontel ou de cent autres, et le xviii° siècle abonde en débuts de carrière qui pourraient sembler pareils aux siens. Mais un Marmontel, ou même un Diderot, en dépit de sa magnifique dignité, sont des conquérants soumis d'avance aux lois du monde qu'ils vont conquérir. Bourgeois de province introduits dans la société parisienne, ils s'adaptent à ses usages et s'y tiennent à leur rang. Rousseau lui-même — et ce trait blessa toujours Stendhal — se sent flatté quand le Duc et Pair dont il est l'hôte reconduit jusqu'au bout du jardin l'ami qui était venu lui rendre visite. Depuis lors, les tempéraments individuels et la société elle-même s'étaient modifiés par l'effet du plus puissant cataclysme de l'histoire. Le flot révolutionnaire était passé. Toutes les conditions se trouvaient, en théorie, nivelées, tous les espoirs semblaient permis parce que toutes les barrières semblaient abattues, et de grands exemples montraient qu'il n'était plus de mesure ni de borne à la récompense du mérite personnel. Les jeunes gens de la génération de Stendhal trouvaient dans leur héritage des fiertés indisciplinées, des ambitions plus exigeantes, puisqu'elles se liaient au sentiment d'un droit, une susceptibilité plus irritable, puisqu'elle avait son origine et sa justification permanente dans le dogme nouveau de l'égalité. Ils ne se bornaient pas à revendiquer une place dans le monde, mais leur place, leur place égale, ou même leur place privilégiée, puisque toute hiérarchie devait résulter du mérite et qu'ils avaient conscience de valoir davantage. Avec cette génération commence, en réalité, le grand vol aventurier, le grand départ des héros de proie, des ambitieux dévorants dont Balzac chantera les triomphes cyniques ou les chutes misérables. Et du choc de ces énergies effrénées contre une société qui se refait, naîtront en retour les grandes ondes qui se propagent durant le siècle presque entier, les grandes crises du droit collectif et de la conscience individuelle, l'inquiétude morale, le doute religieux, la révolte sentimentale.

Chez Stendhal, la sensibilité seule est ambitieuse, et cette ambition trop spéciale devait fatalement se heurter au plus mesquin, mais au plus malaisément surmontable des obstacles, c'est-à-dire aux habitudes et aux conventions du monde, à une certaine notion purement mondaine, ou même, suivant lui, purement française, du mérite et de l'agrément. Dans le Paris révolutionnaire, cette habitude mondaine avait momentanément disparu, avec les autres vestiges de l'ancien ordre social. Alors, l'individu humain apparaissait à nu. De grandes occupations avaient interrompu les petits jugements, et c'est un des motifs, sans nul doute, pour lesquels Stendhal demeura si obstinément jacobin. « Comme il n'y avait pas de société, dira-t-il au début de sa *Vie de Napoléon*, les succès dans la société, chose si principale dans le caractère de notre nation, n'existaient pas. » Mais, pendant ces premières années du Consulat qu'il faut tenir à bien des égards pour la Restauration véritable, la reconstitution déjà ébauchée au milieu des folies du Directoire venait de se dessiner avec une netteté croissante. Le mouvement passionné de retour vers les idées anciennes, que Chateaubriand a marqué si fortement dans les *Mémoires d'outre-tombe,* conduisait aux salons comme aux églises une société rassurée. De toutes parts, on voyait émerger comme des petits îlots d'Ancien Régime. La maison Daru, maison de grands bourgeois alliés à des nobles et à des soldats, est le type de ces salons isolés qui allaient bientôt s'englober dans la Cour Impériale. Ces salons étaient fort ouverts, comme il était naturel après la crise où tous les états et toutes les catégories avaient été si cruellement brassés. Ils engageaient par une facilité d'accueil qui tenait à l'absence de délimitation précise et de hiérarchie. Mais, pour le jeune aspirant sensible qui n'attendait pas seulement d'être admis, qui exigeait gauchement d'être choisi, compris, reconnu, cette facilité même contenait le plus décevant des pièges. Quand on n'a pas entrepris un de ces métiers actifs où le succès s'impose par des signes évidents, tels que les armes, la politique et les affaires ; quand on ne domine pas par sa fortune ou par son nom ; quand aucun signe extérieur ne dénonce en vous le génie ; quand on ne possède pas ce don de flatterie méthodique et d'avancement servile qui exploite la société comme un commerce et franchit la hiérarchie des salons comme les étapes d'une carrière, on n'est jamais autre chose dans le monde qu'un comparse indifférent, accueilli par négligence et toléré par politesse. Or, Stendhal n'avait ni grade, ni fortune, ni nom ; il était ombrageux et susceptible.

Bien que ces petites sociétés encore hésitantes n'eussent pas recouvré le naturel parfait des salons du xviiie siècle, il est probable que, durant son second séjour à Paris, Stendhal s'ennuya moins. La maison Daru était devenue plus avenante depuis que Pierre, le grand Daru, s'était marié. Il venait d'épouser cette même jeune femme qui est désignée dans les œuvres autobiographiques sous les noms « d'Alexandrine Petit » ou de « la comtesse Palfy » et qui exerça sur la vie de Stendhal une influence difficile à définir, mais assurément puissante. Depuis la campagne d'Italie, Martial le traite à la fois en protecteur et en camarade. Il fréquente chez les hauts fonctionnaires du régime, chez madame Cardon, une sorte de madame Campan, chez les Rebuffet, riches négociants alliés aux Daru et qui partageaient leur hôtel de la rue de Lille. Il entrevoit madame de Staël et pénètre dans le salon le plus élégant du moment, celui de madame Récamier. De concert avec Martial, il suit le cours de l'acteur Dugazon et « donne » des scènes de Molière ou de Fabre d'Eglantine. Au Théâtre-Français, il devient le spectateur assidu du parterre et s'insinue peu à peu parmi les comédiens. Il approche Talma, se lie avec mademoiselle Duchesnois qui l'invite à sa maison de campagne. Nous sommes loin de la solitude du premier temps, des soirées désolées du quinconce des Invalides ; c'est une vie diverse, animée, qui aurait pu contenter un esprit plus expérimenté et un cœur plus sage. Mais Stendhal a vingt ans, et cet appétit orgueilleux du bonheur qui ne comporte pas la sagesse. On l'accueille, mais le connaît-on ? Tient-il dans le monde la figure qu'il mérite ? Pour les Daru, est-il mieux qu'un parent pauvre ; pour les étrangers, est-il autre chose qu'un provincial importun, gauche dans ses manières et silencieux par vanité ? Quelle épreuve pour une susceptibilité que toutes les circonstances de la vie ont aggravée, qui s'alarme de toutes les comparaisons et se blesse de presque tous les contacts !

Il ne s'était pas installé chez les Daru ; il avait loué vis-à-vis la colonnade du Louvre un logement qu'il quitta bientôt pour une chambre d'hôtel garni. Il lisait, prenait des notes sur ses lectures, étudiait l'anglais avec le bon père Jeky. Il s'accommodait de cette vie studieuse du jeune homme de lettres sous sa mansarde, bien qu'elle demeurât solitaire et qu'il n'eût pas trouvé d'amis de son âge et de sa condition. Ni Crozet, ni Félix Faure, ni Barral ne sont pour lui le confident admiratif dont la présence est nécessaire à ce moment de la vie. Sous l'influence des comédiens qu'il fréquente, ses rêves d'avenir ont pris une allure plus précise. Il sera poète de théâtre, le poète comique dont la France attend la venue depuis Molière et Regnard. Il a entrepris une grande comédie en cinq actes, *Letellier* ou *les Deux Hommes* dont il n'abandonnera le projet que fort avant dans sa vie et dont nous ne possédons pourtant que quelques fragments déplorables. Quand il aura terminé son *Letellier,* point de doute qu'il se trouve du coup riche et célèbre. Une bonne représentation au Théâtre-Français donne cent louis, sur quoi l'auteur touche le douzième; sa part, pour une soirée, peut donc aller à deux cents francs. D'avance, il trace sa ligne de conduite. « Lorsque je débuterai dans la carrière poétique, me tenir aux filles de l'Opéra pour écarter absolument ce vernis d'infériorité que, depuis Racine et Boileau, cet art donne vis-à-vis le grand monde... Le matin dans un travail fructueux, le soir dans le plus grand monde. » A d'autres moments, le personnage de l'écrivain amateur lui paraît plus séduisant que celui de l'homme de lettres professionnel. L'amateur doit être riche ; aussi, dès la mort de son père, doublera-t-il, par des placements heureux, le bien qui doit lui revenir, et « il sera, dans le monde, Beyle, épicurien, riche banquier et s'amusant à faire des vers ! » Voilà les chimères dont se nourrit une imagination de vingt ans, formée par les romans et la méditation solitaire ; voilà comment elle organise et projette devant soi des vies illusoires, et l'on voit assez quelle place essentielle y tient « le monde ». On rêve ainsi, dans sa chambre silencieuse, au-dessus du livre qu'ont quitté les yeux. Mais en descendant de son logis, on descend aussi de son rêve. Le jeune homme chimérique se sent enclos soudain dans une réalité précise et hostile. Il s'aperçoit qu'il est vêtu à la mode de l'an passé et qu'il n'a que vingt-six sous dans sa poche.

L'histoire de Stendhal à Paris, durant ce second séjour, est tout justement celle d'un long ennui d'argent. Aux Invalides et chez les Daru, il menait une vie d'étudiant, étroite et peu dispendieuse, et d'ailleurs le grand-père Gagnon et l'oncle Romain l'avaient lesté de leurs économies avant qu'il prît le coche. Cette fois, il a franchi le cercle de famille pour pénétrer dans « le monde ». Il a besoin tout à la fois de livres et d'habits ; les leçons de Dugazon coûtent cher. Les deux cents francs par mois qu'avait promis Chérubin Beyle ne suffisent pas à la dépense et, par surcroît, ne sont jamais payés exactement. Il faut compter, s'endetter, éviter les créanciers intempestifs, demander un jour une avance à Pierre Daru, un autre jour emprunter trois francs à Crozet. Le pire dommage de ces humiliations est que, peu à peu, on s'y accoutume. « Je ne suis presque plus humilié d'un petit emprunt comme celui-là qui, il y a un an, m'aurait fait mourir. » Un soir qu'on voulait le retenir à dîner chez les Daru, en même temps que madame Rebuffet et sa fille, il refusa, crainte d'avoir à reconduire « ces dames », et n'ayant pas de quoi payer le fiacre. Quand Chérubin Beyle diffère trop longtemps l'envoi de la pension, la gêne touche à une sorte de misère. Stendhal tombe malade d'une fièvre lente pour avoir couru les pieds dans l'eau, faute de bottes, et pour avoir souffert du froid, faute de bois. Aussi traite-t-il son père de barbare ou, plus couramment, de bâtard, et dans un passage célèbre du *Journal* le cite-t-il à comparaître devant un jury composé des « six plus grands hommes existants » pour s'entendre déclarer qu'il est « un vilain scélérat » et « un assassin ».

On se doute qu'il n'a pas cessé de rêver aux femmes, et, depuis son arrivée à Paris, toute une suite d'aventures amoureuses se sont ébauchées dans son imagination. Il a fait la cour à la fille d'un banquier et à sa femme, il a cru s'éprendre d'Adèle Rebuffet, qui n'était qu'une gamine perverse et pratique, mais qui s'appuyait sur son épaule en cachette et lui donnait de ses cheveux. Il a revu Victorine Mounier. Il a connu chez Dugazon une jeune femme du nom de Mélanie Louason, qui étudiait pour le théâtre après avoir débuté par la galanterie — ambition fréquente en tous temps — et qui, celle-là, devait tenir un rôle important dans sa vie. Pour trop de raisons, il s'était senti timide et maladroit auprès d'elle. Mais il consolait son amour-propre en rattachant sa timidité à sa seule pénurie. Avec un habit et de l'argent, se disait-il, j'aurais eu cette femme. « Quand j'aurai joui pendant six mois de mille francs de rentes, je serai assez fort pour oser être moi-même en amour. » Il souffrait particulièrement d'être mal vêtu, lui qui devait conserver toute sa vie une coquetterie de jeune homme, et ne pas se blaser sur la joie de sortir avec un habit neuf. Un seul habit, de drap léger bronze cannelle, qui par aventure allait bien, tient dans son *Journal* une place significative et touchante. Stendhal lui dut sans doute quelques instants de bonheur vrai.

Dans le monde, en dehors même de toute intention amoureuse, la conscience de sa gêne continue à le paralyser. Les êtres sensibles à sa façon n'ont jamais la démarche bien sûre et exigent qu'on vienne en tout au-devant d'eux. Mais l'habitude où il est de manquer d'argent a fatalement aggravé cette disposition naturelle. Il ne se sent jamais à l'aise en passant la porte de l'hôtel Daru, cet hôtel du faubourg Saint-Germain, « à la façade si plate, bâti vers le temps de la mort de Voltaire », où il s'est plu à loger le marquis de la Môle. Il prévoit trop bien, dès qu'il aura pénétré dans le salon, quelle suite de menus supplices le guette. L'accent dauphinois, dont il n'a pu se débarrasser, fait sourire ; son aspect déplaît ; ses gestes et son maintien sont gauches ; il ne sait rompre un mutisme gênant que pour s'exprimer avec une ardeur impétueuse qui détonne. Mieux vaut encore se taire, et peut-être une âme d'élite, une âme sœur de la sienne, discernera-t-elle ce qu'il vaut au feu silencieux de son regard. Martial Daru, si doucement sûr de lui, si tranquillement à l'aise où qu'il se trouve, l'éblouit comme le jeune Norbert de la Môle éblouira Julien Sorel. Cette aisance supérieure de Martial, qui laisse percer le dédain, devrait le blesser. Mais il lui pardonne tout : Martial le mène parfois chez Clotilde, première danseuse de l'Opéra. « Quelquefois, — quels beaux jours pour moi ! — je me trouvais dans sa loge, et devant moi, quatrième, elle s'habillait et se déshabillait. Quel moment pour un provincial ! » Imaginez d'ici sa mine ébaubie, et peut-être ridicule, puisque à Paris, il est toujours ridicule de s'étonner. Qu'il s'agisse d'une loge d'artiste ou d'un salon, il ne rencontre jamais le mot à dire, le compliment facile, le propos coulant qui fait avancer l'entretien. Il ne sait pas obéir au rythme de la conversation ; si, par aventure, une idée heureuse lui passe dans l'esprit, sa timidité lui fait manquer le moment juste, et il ne trouve le courage de parler que trois minutes plus tard. En revanche, sitôt sorti, sitôt libéré de la contrainte qui paralysait sa verve, toute une bouffée de mots fins et de réparties opportunes lui monte d'un coup à la tête. Pour des amours-propres faits comme le sien, il n'est pas de déception plus poignante que ces saillies à contretemps ou cet esprit de l'escalier. Il passe pour un sot par excès de tension vers ce qu'il veut dire : il déplaît par un souci constant de plaire. Il est glacé par l'antipathie qu'il inspire ; il est occupé à l'excès et comme obstrué par la sympathie qu'il éprouve. Un Parisien, né dans le monde, a contracté dès son enfance l'usage d'un certain babil, l'habitude des riens agréables et du badinage indifférent. Son goût à lui n'irait spontanément qu'aux sentiments forts ou aux conversations importantes, semblables à celles qu'il entretient avec lui-même, et sa nature est trop raide, trop susceptible pour s'adapter d'emblée à ce ton nouveau.

La cause profonde de ce malaise, et lui-même ne s'y est jamais mépris, gît dans son ombrageuse et souffrante vanité. L'agrément mondain a pour principe le naturel, mais on n'est jamais naturel lorsqu'on est préoccupé de soi-même. Or, le jeune Stendhal, par une combinaison bien souvent notée d'inexpérience et d'amour-propre, vit dans l'obsession continuelle que tous les yeux sont braqués sur lui. L'usage de la vie ne lui a pas encore enseigné que les autres hommes, tout comme lui, se croient chacun le centre de l'univers, et que l'indifférence est la denrée du monde la mieux partagée. Il souffre de ne pas tenir assez de place dans l'estime ou dans l'amitié du prochain, mais croit occuper à lui seul toute son attention ou sa moquerie. Sa sensibilité persécutée souffre de tous les regards et de tous les sourires. Dans son anxiété de l'effet qu'il produit, il s'imagine naïvement que cet effet pourrait se préparer, se calculer par avance, et il recourt aux résolutions préméditées, à sa puérile tactique de roué. Mais cette préparation n'est qu'un aveu humiliant de faiblesse, car on ne se prépare pas d'avance aux choses de la vie où l'on se sent fort, et surtout elle cause infailliblement le défaut d'à-propos et l'embarras. La gêne s'accroît à mesure qu'elle s'imagine être remarquée, et il ne reste plus qu'à rentrer chez soi, déçu et vaincu une fois de plus, et à écrire sur son cahier intime : « Je sens bien que ma manière naturelle ne saurait leur plaire, et que, cependant, je suis jaloux de leur plaire. Malheureuse vanité qui fait qu'en voulant plaire, je plais moins... Tâcher d'être moi-même : c'est le seul moyen qu'un homme ait pour plaire », ou encore : « Je sais depuis longtemps que je suis trop sensible, que la vie que je mène a mille aspérités qui me déchirent ; la fortune ne m'est pas nécessaire de la même manière qu'à un autre, et elle me l'est davantage, à cause de mon excessive délicatesse, de cette délicatesse que l'inflexion d'un mot, un geste inaperçu met au comble du bonheur ou du désespoir. »

*
**

Suivant les circonstances et l'humeur, cette humiliation renouvelée détermine deux effets contraires : la dépréciation pessimiste de soi-même, ou le mépris misanthropique de l'humanité. Certains soirs, en méditant sur son échec de la journée, on se dit : Je ne vaux rien, et ils ont raison. Ils ont raison de m'éluder comme un être sans agrément et sans importance... C'est alors l'état que Stendhal devait prêter plus tard à Julien Sorel et définir, par une formule si frappante, le phénomène *d'imagination renversée*. L'imagination, nourrie par la lecture et le rêve, projette d'abord vers l'avenir une vie d'amour, de succès, de sympathies partagées ; puis, devant la résistance du réel, comme le faisceau lumineux qui s'est heurté à un obstacle, elle se retourne de tout son élan contre elle-même. On cherche la cause de ses déceptions, et on la trouve dans ses propres tares, que l'imagination grossit et développe comme elle étendait tout à l'heure notre chance de félicité. On se déprécie à mesure qu'on s'examine. On s'abjure soi-même en quelque sorte. On maudit ce par quoi l'on est différent et déplaisant, c'est-à-dire ce par quoi l'on est original. Quand, par exemple, on n'a pas la souplesse d'acquérir « cet esprit gai avec légèreté » ou même « les défauts contraires à la lourdeur provinciale », on s'atteste par là même un être dénué de tout mérite, que le monde rejette avec équité. L'erreur de l'imagination est alors qu'elle s'exerce à son propre désavantage. « Je suis au total un être bien plat, bien vulgaire, bien ennuyeux pour les autres, se disait Julien avec une pleine conviction... En pensant de nouveau aux adversaires qu'il avait rencontrés dans la vie, il trouvait toujours que lui, Julien, avait eu tort. C'est qu'il avait maintenant pour implacable ennemie cette imagination puissante, autrefois sans cesse employée à lui peindre dans l'avenir des succès si brillants. » Stendhal ajoute que cette erreur est d'un homme supérieur ; sans doute, mais l'état qu'elle crée est le pire, puisqu'il manque alors la grande consolation de l'orgueil.

A d'autres moments, l'orgueil prédomine. Au lieu de garder la faute pour soi-même, on la rejette sur le monde avec une autorité belliqueuse. On se dit : Je suis tel que doit être un homme, et c'est le monde qui ne vaut rien. Tant pis pour lui s'il me méconnaît et me rejette ! Ses usages, ses conversations, tout comme les façons de Chérubin Beyle et de tante Séraphie, ne sont qu'un jeu de manigances hypocrites où se perdent la vérité des êtres et la franchise des rapports. Ces agréments de salon, dont on paraît faire tant d'état, dissimulent la servilité de l'esprit, la mesquinerie des intérêts, la faiblesse des caractères. La facilité des mœurs et cette poursuite illusoire du plaisir masquent l'incapacité de sentir et l'inaptitude aux passions vraies... Stendhal, si l'on peut dire, rentre ici dans les cadres connus de son caractère d'adolescent : le dégoût de l'hypocrisie, l' « espagnolisme », l'intensité relative des émotions servant à classer les hommes et l'émotivité la plus forte conférant la noblesse véritable. Il convient qu'entre le monde et lui l'humeur est incompatible, mais ce n'est plus qu'il manque de mérite, c'est qu'une société énervée, qui ne sait même pas, comme les sociétés d'Ancien Régime, atteindre à la perfection dans le futile, est hors d'état de reconnaître un mérite singulier comme le sien. Le héros d'*Armance*, Octave de Malivert, que sa naissance appelait pourtant dans le monde, y passe pour un original incommode : « Avez-vous remarqué, madame, dit à sa mère un observateur clairvoyant, que monsieur votre fils ne dit jamais un mot de cet *esprit appris* qui est le ridicule de notre âge. Il dédaigne de se présenter dans un salon avec sa mémoire, et son esprit dépend des sentiments qu'on fait naître en lui. C'est pourquoi les sots en sont quelquefois si mécontents et leur suffrage lui manque. Il faudra peut-être trois ou quatre ans aux nigauds de ce pays-ci pour comprendre Octave. » Pour comprendre Stendhal, né roturier, il leur faudra davantage, mais la raison véritable est précisément qu'ils soient des nigauds. Que les nigauds en conviennent ou non, les mérites singuliers et qui ne se modèlent pas servilement sur les modèles connus, sont les seuls mérites authentiques. Ils ont pour eux le temps, alors qu'avec le temps l'aisance mondaine elle-même devient une vulgarité, et c'est le sort qui guette toutes ces poupées de salon, tous ces beaux jeunes gens à moustaches. Ils tourneront *au commun* dès que leur platitude de copistes apparaîtra trop à vif. Au surplus, quiconque copie son esprit d'après la mode, se conforme à la notion mondaine de l'élégance et répète pour plaire ce qui a déjà plu, avoue la bassesse courtisane de son âme. Dire un mot de pur agrément est une bassesse. Les poètes qui ont plié leur génie aux usages d'une cour, à des conventions quelconques de politesse, sont des courtisans. Flatter la mode est aussi haïssable que flatter le pouvoir. De là les formules connues : « Je méprise Racine », ou « le plat Gœthe ». Dans sa rancune contre les plaisants de société qui, dans les salons de Paris, et avant que lui-même eût de l'esprit, lui avaient volé le succès, Stendhal ajoute que le goût de l'anecdote, du mot pour rire, de la raillerie pour rien, est une petitesse purement française. Ainsi des tempéraments comme le sien restent forcément isolés, et, pour mieux dire, dépaysés au milieu de de cette « nation de vaudevillistes » où, sans cœur ni caractère, on peut se tailler des réputations d'esprit.

Avec le moindre usage de Stendhal, on retrouve ici les thèmes dont son œuvre entière est la longue variation. Voilà donc l'amour-propre sauf ; mais, en les décorant à son avantage, on ne détruit pas les raisons qu'on a de souffrir. Reste à préserver la sensibilité, ou, si on l'éprouve incurable, à l'épancher, et c'est le mobile essentiel qui fera de Stendhal un écrivain. Reste surtout à la dissimuler, car, en laissant apercevoir qu'on a souffert, on reconnaîtrait par là même la victoire du monde. Les vaincus doivent cacher leurs blessures. Livrer ses émotions ou trahir ses peines, c'est « avouer soi inférieur » comme dit, dans son joli patois nègre, le petit prince Korasoff. Il faut se faire un visage impassible et à mille lieues de la sensation présente. Toute la politique de protection et de dissimulation que Stendhal ébauchait jadis dans sa lutte contre les maîtres et les parents va resservir dans sa défense contre le monde. L'un après l'autre nous aurons donc vu fortifier par l'épreuve les événements du caractère primitif : orgueil exalté, défiance de soi-même avivée, recours contre l'ennemi du dehors à une stratégie méthodique, et cependant vision de la vie toujours chimérique, variée vers un excès ou vers l'autre par les jeux alternés de l'imagination.

Ainsi se passèrent, comme a dit M. Paul Bourget, « ces neuf années de vie parisienne, de cette vie qu'il aperçoit avec cette âme singulière qui avait soif et faim de tous les raffinements de la société la plus délicate et à qui toutes les conditions de cette société faisaient horreur ». Cette dernière expression n'est peut-être qu'approchée. Les conditions de la vie parisienne ne lui inspiraient nulle horreur théorique. Jamais, au grand jamais, dans son œuvre, on ne perçoit le ton du réquisitoire ou de la revendication sociale. S'il eût été en situation d'en profiter mieux, cette vie ne lui eût même pas déplu, et bien au contraire. Mais il n'y trouva qu'un accueil indifférent et parcimonieux dont il ne pouvait se contenter. Son avidité de jouissance, comprimée et surexcitée par l'éducation, ne commença même pas d'être satisfaite, et son grief véritable est d'être resté, si l'on peut dire, sur sa faim et sur sa soif. On ne lui avait pas fait sa place. Il n'avait pas trouvé le bien-être, le confort du cœur, en donnant à ces termes le sens complexe qu'ils contenaient pour un homme tel que lui : être aimé, recherché, plaire aux femmes, paraître beau, élégant, avoir autant d'argent que les autres et plus d'esprit, porter un nom qui, pour une raison quelconque, éveillât un petit frisson autour de son passage. Tout son malheur est d'être venu à Paris trop jeune, trop ardent, trop amoureux de l'amour, trop confiant dans l'évidence de son mérite, puis, avec ses vices de prononciation, ses vêtements mal coupés et sa timidité présomptueuse, d'avoir fait l'effet d'un provincial balourd, mal vêtu ou endimanché. S'il avait fait son début comme Martial Daru ou comme son ami Edouard Mounier, nanti d'argent et d'un état flatteur, installé d'emblée et de niveau dans le monde, il aurait pu souffrir encore, mais il n'aurait rien imputé de sa souffrance à la société. Ses souvenirs les plus cruels resteront d'être entré gauchement dans un café ou d'avoir porté une mauvaise redingote, de s'être donné en spectacle ridicule à des témoins malicieux. La vie mondaine n'a pas choqué chez lui une conviction, un système moral ; elle l'a blessé dans son amour-propre sensible. Elle a soumis à une perpétuelle alarme sa susceptibilité, sa peur d'être jugé, moqué: Elle a poussé jusqu'à un excès incurable sa préoccupation naturelle, ce sentiment de contrainte orgueilleuse et souffrante qui, plus tard, avec la maîtrise virile, deviendra mépris, ironie et cynisme. Elle a refoulé dans le for intérieur ses accès d'effusion attendrie ; c'est ainsi qu'elle a fixé l'homme, ou plutôt confirmé l'enfant dans l'homme, et préparé l'écrivain.

**

Il est vrai d'une vérité générale que le caractère se forme vite et varie peu. L'homme demeure essentiellement ce que l'a fait sa jeunesse. Mais pourtant, dans le cas normal, on voit la sensibilité s'ordonner et se limiter peu à peu sous l'effet des nécessités de l'action. Entre trente et quarante ans, il vient un âge pratique, où les natures les plus ombrageuses comme les plus nonchalantes se tournent vers les occupations réglées de la vie. L'ambition, le métier, la famille deviennent les soucis communs autour desquels les tendances individuelles se disposent. L'habitude des mêmes devoirs, des mêmes contacts, des mêmes lieux compose un terrain artificiel où même le déraciné prend racine. Par la comparaison avec des intérêts plus pesants, ou simplement par l'effet de la régularité des actes, la sensibilité se discipline, assagit ses excès, réprime ses écarts. Pour les témoins d'une jeunesse généreuse, ce spectacle de la maturité modérée n'est pas toujours exempt de mélancolie. L'homme eût-il, par chance, préservé intacts son désintéressement ou sa faculté d'enthousiasme, il perd du moins sa promptitude à l'émotion et au chagrin, dépouille peu à peu cette fleur de souffrance qui est le charme périlleux des jeunes âmes. Stendhal, au contraire, a conservé jusqu'à sa mort cette sorte de virginité sensible. L'expérience lui a enseigné à s'en cacher ; elle ne l'a jamais flétrie.

Quelle que fût, à cet égard, sa vocation particulière, l'activité et l'ordre eussent pu l'aguerrir dans l'âge viril, comme l'entraînement physique dans son enfance. Mais, bien que Stendhal se crût digne de tout et porté à tout, il n'était pas doué pour l'action quand même. Il avait trop de hauteur d'âme et trop d'orgueil. L'orgueil voudrait toucher du premier coup de grands objets et ne se plie pas aux états subalternes qu'il faut traverser pour les atteindre. En 1793, on ne subissait pas ces gradations nécessaires. Les hiérarchies professionnelles étaient tombées en même temps que les usages sociaux ; on ne se heurtait ni aux règles du succès ni aux lois du monde ; on pouvait être Saint-Just à vingt et un ans, Hoche à vingt-cinq. Mais, au temps de Stendhal, règles et lois se sont déjà sourdement reformées. Pour arriver, il faut obéir aux conventions du jeu. Le succès n'est plus une jouissance immédiate et substantielle ; il devient un idéal, une sorte de direction vers l'avenir. L'orgueil ne consent pas à ces délais, et l'espagnolisme rejette comme une courtisanerie tout l'effort docile et ordonné vers un but. Stendhal, qui chérissait La Bruyère, a dû s'arrêter sur les phrases si belles : « On ne vole pas des mêmes ailes pour sa fortune que l'on fait pour des choses frivoles et de fantaisie. Il y a comme un sentiment de liberté à suivre ses caprices et, tout au contraire, de servitude à courir pour son établissement. Il est naturel de le souhaiter beaucoup et d'y travailler peu, de se croire digne de le trouver sans l'avoir cherché. »

Il existe pourtant une phase de la vie de Stendhal où il parut s'accommoder sans ennui à un ensemble de conditions matérielles et qui, par là même, présente un caractère unique d'organisation et de fixité. Il s'agit de la période qui s'étend entre 1809 et 1812, celle d'ailleurs sur laquelle nous possédons le moins de renseignements, sans doute parce que Stendhal s'y sentit à peu près heureux et que le bonheur ne se confesse pas. Il comptait de vingt-six à vingt-neuf ans et son existence sensible ou active n'avait été jusqu'alors qu'une suite d'épreuves et d'écoles, de va-et-vient matériels et de secousses intimes. Après les deux séjours à Paris et le passage abrégé dans la vie militaire, après l'apprentissage de bureaucrate et de soldat, les essais d'homme de lettres et d'homme du monde, il avait, en 1805, suivi à Marseille son amie Mélanie Louason qui venait d'y trouver un engagement. Il y était resté un an passé, gagnant sa subsistance chez un marchand de denrées coloniales. L'année suivante, son grand-père Gagnon l'avait remis en grâce chez les Daru que cette dernière fugue avait indignés. On l'avait obligé, en revanche, à accepter, ou même à solliciter un emploi actif. Nommé adjoint au commissaire des Guerres, il avait rejoint la Grande Armée en Allemagne, et, de 1807 à 1808, résidé à Brunswick comme intendant des domaines impériaux [1]. On juge bien qu'il ne s'était amalgamé ni à ses camarades de corps, ni même aux sociétés locales. Il était le fonctionnaire peu liant qui voyage

---

1. La *Nouvelle Revue Française* a publié, dans son numéro d'avril 1914, un long fragment du *Journal*, relatif au séjour à Brunswick. Ce fragment, emprunté aux autographes Chéramy, doit figurer dans l'édition nouvelle que prépare M. Champion.

avec une bibliothèque et qui, sitôt finie sa tâche officielle, préfère s'enfermer chez lui pour écrire ou pour rêver. Il avait ébauché quelques aventures, mais noué peu de relations. En 1809, il avait fait la campagne d'Autriche, et c'est à Vienne qu'avait commencé sa liaison avec madame Daru, la femme de Pierre.

Mais, vers la fin de cette année 1809, nous nous trouvons à l'improviste devant un fonctionnaire presque posé, devant un élégant presque à la mode. La bourse de son père s'est ouverte largement. Stendhal signe « M. de Beyle » et veut se faire constituer un majorat. Il possède deux chevaux, deux voitures et dîne en grand équipage au café Hardy qui est le cabaret à la mode de ce temps-là. Il entretient une petite chanteuse de l'Opéra-Buffa et soupe avec elle, chaque soir, d'une perdrix et d'une bouteille de vin de Champagne. Son tour est venu d'éblouir par son air parisien les provinciaux de passage, et spécialement son beau-frère Périer-Lagrange, le mari de sa sœur Pauline. Surtout, ce qui est le moins essentiel, il remplit une fonction bien définie et vit dans une société précisément déterminée. Auditeur de première classe au Conseil d'Etat, section de la Guerre, et inspecteur du mobilier de la Couronne, il a place et rang dans la Cour Impériale. Une affection dont le caractère précis reste à établir — car les indications du *Journal* se contredisent et les autres papiers posthumes publiés jusqu'à ce jour ne sont pas probants — l'attache à la comtesse Pierre Daru.

Il est incertain si l'amour de Stendhal fut partagé, ou jusqu'à quel point il le fut, et si, durant ce laps, la petite chanteuse de l'Opéra-Buffa servit de consolation ou de paravent. Il est certain que Stendhal aima, et que ce sentiment fut conçu par lui sous l'aspect de la gravité et de la durée. Ainsi, à tous égards, métier, état mondain, occupations sentimentales, sa vie semble fixée, organisée, et, si cette situation s'était prolongée, sans doute la virilisation, la calcification du caractère ne se fût-elle pas fait attendre. Mais cette situation ne se prolonge pas et elle reste parfaitement isolée dans toute son existence. Après comme avant, sitôt que les circonstances ont paru disposer autour de lui un semblant de construction stable, le destin passe et bouscule l'édifice dessiné.

Dès 1812, après ce court palier, la vie nomade recommence : campagne de Russie, où il montra un si tranquille courage, campagne de Saxe, mission à Grenoble pour organiser la défense du Dauphiné envahi par les Alliés, et c'est le seul moment de la vie de Stendhal auquel M. Chuquet accorde une approbation sans réserve. Puis, avec l'Empire, disparaît toute possibilité de vie active. Il part pour l'Italie et il y passe presque toute la trentaine, coupant son séjour de courts voyages à Grenoble, en Angleterre ou à Paris. A l'âge critique où, dans les vies les plus longtemps différées, s'installent les devoirs fixes et les pensées utiles, il mène à Rome ou à Milan une existence vagabonde de voyageur ou de cicerone. Milan fut sa résidence préférée, parce qu'il aimait la musique, qu'il aima Métilde Dembowska et que la société de Milan le mit parfaitement à l'aise. Les Italiens lui parurent, et sont en effet, moins attentifs que les Français à la manière d'être extérieure, et d'ailleurs, en pays étranger, on ne se soucie pas de paraître ou non à la mode, puisque l'on est un étranger. Il s'abandonna donc à son naturel, et plut par là même à une société qui prise le naturel au-dessus des dons de l'esprit. Pour la première fois, ce que l'on pourrait nommer la sensibilité de l'accueil fut chez lui pleinement satisfaite ; pour la première fois, il eut conscience d'avoir conquis cette opinion de surface qu'il redoutait, méprisait et guettait à la fois. Tel est probablement le sens de l'épitaphe fameuse qu'il a lui-même rédigée : *Arrigo Beyle, Milanese*. Cette naturalisation posthume ne tient pas à un tenace souvenir d'amour ; le vrai sens est que Milan, par le parfait bien-être et l'absence totale de contrainte, lui avait procuré la brève illusion d'une patrie, ou bien encore qu'il s'était senti citoyen-né dans un pays où les usages affectés du monde n'avaient pas éteint, comme en France, l'énergie des passions. Cependant, il ne peut se faire aimer de Métilde. La susceptibilité est sauve, mais le cœur n'est pas occupé, l'esprit reste en désarroi et on sent que, par une suite d'essais tâtonnants, il tâche à garnir le vide inconsistant de sa vie. Le besoin d'un métier devient parfois si pressant qu'il songe à s'établir banquier à Bologne. Il s'est repris à l'envie d'écrire qui ne l'avait jamais quitté tout à fait [1]. Mais sera-t-il musicographe, critique d'art ou critique littéraire ? Ajoutons que la question d'argent se pose à nouveau pour lui, car la mort de son père, qui survint en 1819, l'avait laissé beaucoup moins riche qu'il n'avait cru. Ajoutons surtout, comme la *Correspondance* nous y autorise, que, tout Milanais qu'il se prétendît, Paris lui manquait et que, s'il pouvait être heureux à Milan, c'est à Paris seulement qu'il voulait être célèbre.

Il y revint en 1821, à trente-huit ans, un peu malgré lui, car il se trouvait au plus fort de sa passion pour Métilde. Une confuse histoire de carbonarisme et de police l'avait contraint à s'exiler de sa patrie d'élection. Il resta à Paris jusqu'à la fin de la Restauration, mais il n'avait fait que déplacer sa nostalgie. A Milan il rêvait la notoriété parisienne ; à Paris, il regrette Métilde et la facilité milanaise. A quatre reprises, il repassera les Alpes, sans préjudice des courses à Grenoble et d'un nouveau voyage en Angleterre. Ses habitudes à Paris, telles qu'il les a décrites dans les *Souvenirs d'Egotisme* avec un charme si simple, sont celles d'un vieux garçon solitaire et quelque peu maniaque, qui mange son petit revenu et ne sait trop comment tuer le temps. Il loge rue de Richelieu, à l'hôtel de Bruxelles, tenu par un certain M. Petit, le plus joli et le plus poli des Français. A dix heures et demie, il déjeune au

---

[1]. Son premier ouvrage, les *Vies de Haydn, de Mozart et de Métastase,* est de 1814.

café de Rouen d'une tasse de café et de deux brioches, puis il accompagne jusqu'à la Préfecture de Police son ami Adolphe de Mareste, chef de division dans cette administration redoutable. Il revient par le Louvre et les Tuileries, entre au Musée, s'attarde à feuilleter Shakespeare sous les arbres, plutôt que de regagner sa chambre vide dont l'intérieur est affreux pour lui. A cinq heures, le dîner à l'hôtel de Bruxelles, en compagnie de Mareste, de deux ou trois camarades quotidiens et de « quelques originaux de table d'hôte, espèce qui côtoie le chevalier d'industrie d'un côté, et le conspirateur subalterne de l'autre ». Après le dîner, la traînerie du désœuvré : le café, la promenade sur le boulevard de Gand rempli de poussière en été. Deux ou trois fois par semaine, la soirée passée chez les Tracy, chez Delécluze, chez les Cuvier, chez madame Ancelot, chez madame Pasta où l'on jouait le pharaon, chez le cordial Lingay où l'on buvait de la bière fraîche. Quelques semaines après son arrivée, il a rencontré Martial, aimable à son ordinaire. Mais il n'est pas retourné chez les Daru, soit négligence, comme il le dit, soit rancune, soit crainte d'évoquer une image chère, la comtesse étant morte depuis six ans. Cette période de sa vie est celle où il écrit et publie le plus : six ouvrages en neuf ans, *De l'Amour, Racine et Shakespeare,* la *Vie de Rossini, Armance, Promenades dans Rome, le Rouge et le Noir,* sans compter divers opuscules et les chroniques périodiquement adressées à une revue de Londres. Sa réputation d'homme de talent et d'homme d'esprit commence à germer dans quelques cercles, mais son mode de vie n'en est nullement affecté et ne sent à aucun moment l'homme de lettres professionnel. Point d'heures réglées, pas de table de travail où l'on s'installe. Ses livres, pour une bonne part, sont faits de notes griffonnées à la diable, n'importe comment, sur n'importe quoi, et tout juste classées au moment de les donner à la copie. Pour le surplus, ils sont écrits d'abondance sur un canevas improvisé, aussi librement que lorsqu'on note pour soi seul, au soir venu, les événements de la journée, la plume ayant peine à suivre le flot des émotions et des souvenirs.

En 1830, nouveau changement à vue. Comme beaucoup d'anciens agents de l'Empire, il rentre au service sous Louis-Philippe. Le comte Molé l'admet dans la carrière consulaire. Nommé à Trieste, puis l'année suivante à Civita-Vecchia, aux portes de Rome, il redevient le fonctionnaire mécontent que ses supérieurs offusquent, qui querelle ses subordonnés, que la tâche quotidienne et la résidence ennuient. Dès que le comte Molé est aux affaires, il demande un congé et court à Paris. De 1836 à 1839, il y passe trois ans d'affilée, ou peu s'en faut, ayant entrepris dans l'intervalle le voyage en France dont il rédigera le journal de route sous le titre : *Mémoires d'un touriste*. Il publie *la Chartreuse*, écrite par lambeaux, sans nul doute, pendant les longues soirées de Civita-Vecchia, et donne à la *Revue des Deux-Mondes* ses chroniques italiennes. Puis son protecteur, après un débat célèbre, tombe enfin sous les coups de la Coalition, et force lui est de rejoindre son poste. Il recommence à quereller son chancelier et à signer des passeports. Des amis romains, et surtout les princes Caetani, mettent quelque agrément dans cette existence fastidieuse. Mais sa santé s'est altérée ; il souffre de la goutte, peut-être encore d'une autre maladie, et c'est pour raisons de santé, cette fois, qu'il demande un dernier congé. Quatre mois après son retour, comme il songeait enfin à se fixer, à s'installer dans une vie d'écrivain, une attaque d'apoplexie le frappe rue Neuve-des-Petits-Champs, qui est aujourd'hui rue des Capucines, à la porte du Ministère des Affaires Etrangères. Il meurt la nuit suivante, nuit du 22 au 23 mars 1842, dans sa chambre d'hôtel où on l'avait transporté sans connaissance.

*
**

Ainsi une vie vagabonde au point qu'il a fallu des travaux spéciaux pour établir ses itinéraires, jamais de tâche continue, ni celle à quoi le devoir contraint, ni celle que l'on s'impose à soi-même, jamais de métier fixe et accepté, pas même celui d'homme de lettres, bien qu'il ait passé peu de jours sans écrire et que son seul goût durable, « avec Saint-Simon et les épinards », ait été de vivre à Paris dans un quatrième étage, écrivant un drame ou un livre. Qu'on se représente ici le sens réel que les mots contiennent : depuis son premier départ de Grenoble, à Paris ou en Italie, il n'a jamais eu « un chez lui ». Il n'a jamais possédé que des habits, des papiers et quelques livres, ce qu'on peut entasser dans deux coffres et promener à travers le monde avec soi. La maison qui vous attend, les meubles confidents où l'on se retrouve, les objets dont la permanence amicale assure la vie et l'empêche de se recommencer à neuf chaque jour, tous ces appuis, tous ces repères lui ont manqué. Etranger dans sa maison natale, il est resté partout passager. Il a vécu aux camps, dans des résidences étrangères, dans des logements garnis ou dans des chambres d'hôtel meublé, et il est mort comme il avait vécu, chez les autres.

Il n'a pas eu de ménage, il n'a pas eu d'enfant ; on peut presque dire qu'il n'a pas eu de maîtresse. Ses amours durables ont toujours été des amours malheureuses qui ont occupé son imagination, mais non sa vie. Dira-t-on qu'il portait en lui-même la cause unique de cet isolement, qu'il était incapable des affections de foyer, de tout ce qui implique la familiarité et la constance ? Non point ; son penchant naturel allait à l'intimité. Qu'on relise l'adorable chapitre des *Souvenirs d'Egotisme*, l'histoire des petites Anglaises, dans leur mince cottage de briques qu'on eût enfoncé d'un coup de poing. La douceur de ces petites prostituées, leur modestie ménagère inspire aussitôt à Stendhal comme une amitié d'enfance ; le sentiment du *home* l'a gagné ; durant tout son séjour à Londres, le voilà malheureux, toute idée d'amour mise à part, quand il ne peut passer sa soirée dans cette maison. L'exemple de sa sœur Pauline est plus frappant encore. Leur tendresse s'était formée de bonne heure, par la résistance commune aux persécutions de Séraphie, mais de Stendhal, non de Pauline, vient l'effet continu pour l'entretenir. De Paris, de Marseille, d'Allemagne, il écrit trois lettres pour une. Il est vrai que Pauline joue pour lui le rôle du confident de tragédie, parce que le soliloque fatigue et que le journal intime ne suffit pas ; pourtant, dans ses lettres, il interroge et conseille au moins autant qu'il se confie. Il voudrait la diriger, la former ; il émet cent fois le vœu, évidemment sincère, de la marier à Paris et de passer sa vie auprès d'elle. Mais Pauline épouse un lourd bourgeois de Grenoble. Il cesse peu à peu d'écrire des lettres qu'elle ne sera plus seule à lire ; l'intimité dans le présent n'est plus possible, les rêves d'avenir sont rompus.

De ses parents du sang, il n'avait aimé que Pauline ; donc, après le mariage de Pauline, c'est-à-dire dès 1808, il est sans famille. Jusqu'à sa mort, il est sans amis. Sur ce point encore, on jugerait mal en imputant à sa seule humeur toute la faute. Il était fidèle ; il n'a pas cessé de cultiver ses camarades d'enfance : Barral, Romain Colomb ou Louis Crozet. Sans nul doute, il aima ses amis plus réellement qu'il ne fut aimé d'eux. Nous possédons à cet égard des preuves irrécusables, le fameux *H. B.* de

Mérimée qui est un monument d'incompréhension, et la notice nécrologique de Colomb, qui n'est guère moins surprenante. Comment l'amitié vraie se méprendrait-elle à ce point ? Ils ne l'ont pas connu ; ils n'ont pas atteint ce cœur qui se cachait, mais qui aurait trouvé tant de douceur à être forcé dans sa retraite. Aucun n'a percé jusqu'à ce « filet de sensibilité souffrante », comme a dit si bien M. Paul Bourget, que pourtant des yeux vraiment amis auraient vu, de loin en loin, affleurer à la surface. Loin de là, ils s'en sont tenus à cette camaraderie familière, et inconsciemment malveillante, des hommes que réunissent seulement des habitudes quotidiennes. Quand Stendhal sortait avec un habit neuf, ils auraient donné un louis, de bon cœur, pour qu'on jetât dessus un verre d'eau sale. Stendhal s'est senti seul au milieu d'eux ; il ne leur a confié ni ses souvenirs, ni ses rêves, ni même ses idées, n'ayant jamais su leur faire partager ses sujets de conversation favoris. Dans le monde, quelques relations flatteuses, mais pas un salon dont il fût le centre, pas une maison où il se sentît nécessaire : des sociétés fortuites qui se forment, puis se disloquent en laissant seulement dans la mémoire « l'amertume des sympathies interrompues ». Sans doute, le grand séjour en Italie l'a reposé, détendu. Il a pris l'habitude de n'être plus jugé. La confiance en soi recouvrée, il a pu commencer d'avoir de l'esprit... On trouve qu'il parle bien depuis qu'il prend la parole sans savoir comment il achèvera sa phrase. Mais le pli de la sensibilité était pris vis-à-vis du monde. D'ailleurs, les occupations mondaines tiennent peu de place dans ses journées, et le succès mondain est un de ces biens qu'on envie plus qu'on ne les goûte. Comment la vie de société eût-elle suppléé à son oisiveté solitaire ? Elle n'est jamais autre chose qu'un divertissement, un intérêt accessoire dans une vie qui puise ailleurs son aliment véritable. Dès qu'elle prétend être davantage, elle n'est plus rien.

Pour imaginer Stendhal sous l'aspect juste, il faut se replacer obstinément à ce point de vue. Il faut se rappeler cette vie éternellement vagabonde qu'il a, en partie, voulue, cette solitude ininterrompue qu'il n'a pas voulue et dont il a pâti, cette instabilité universelle qu'aucun lien, quel qu'il fût, n'a jamais attachée à rien. Sociable par essence et presque à l'excès, il n'a jamais fait corps avec aucun système social. La solitude dans un cloître aurait pu le modifier par l'étude et la réflexion. Le mouvement de la vie l'a agité en le maintenant intact. Rien ne l'a distrait de ses émotions, de ses convictions originelles. La vie a pu les recouvrir, elle ne les a ni atténuées, ni redressées. Il a constamment vécu vis-à-vis de lui-même, avec ses premiers besoins et ses premières ressources. Ainsi s'explique ce qui est le trait caractéristique de l'écrivain, c'est-à-dire cette étonnante préservation des forces vives de la sensibilité. Toujours soustraites à l'action des disciplines, des habitudes, des devoirs, elles ont gardé jusqu'au bout leur direction et leur intensité initiale. Stendhal aimait les comparaisons familières. Disons qu'il était resté, après cinquante ans, un vieux jeune homme, comme on voit, au quartier des Ecoles, de vieux étudiants. Ils ont vu partir depuis longtemps leurs camarades, ceux qui furent un instant jeunes avec eux. Avec mépris ou avec envie, selon les soirs, ils songent que ceux-là possèdent chacun son métier, sa famille, sa tâche d'homme et que les souvenirs d'autrefois, si quelque hasard les évoquait, leur paraîtraient aussi lointains que les récits d'un étranger. Pour eux, ces souvenirs sont la réalité même puisqu'ils n'ont jamais installé leur vie, qu'ils ont conservé leur langage ou leur visage de vingt ans. Leur existence rêveuse et machinale fait du présent un passé qui se prolonge. Mais, l'une après l'autre, ils voient passer près d'eux les générations fraîches, et, séparés de leurs compagnons d'âge par la raison, ils se sentent tout proches des nouveaux venus par la jeunesse.

II

STENDHAL ET SES PERSONNAGES

Renouvelons une précaution déjà prise: nous n'avons pas eu besoin de donner une biographie complète de Stendhal. En décrivant à grands traits sa vie vagabonde et interrompue, nous avons volontairement disposé notre récit autour de quelques faits essentiels. Nous avons voulu montrer que rien ne l'avait jamais distrait de lui-même, qu'en lui-même rien de stable ne s'était jamais organisé ni achevé, que sa force d'expansion initiale, son premier appétit de bonheur, sa première capacité de souffrance s'étaient, par le jeu des événements, toujours préservés intacts, qu'en un mot, jusqu'à sa mort, il avait senti battre son cœur de jeune homme. Une maturité précoce de pensée, une précocité de sentiment qui dure et que l'âge ne mûrit pas, tels sont les caractères propres de Stendhal, ceux qui composent l'aspect singulier de sa physionomie.

Tirons aussitôt de ces particularités les conséquences immédiates qu'elles comportent. Tout d'abord, l'ensemble d'idées, d'observations, d'attitudes qu'on a désignées sous le nom de beylisme ne peuvent représenter, et ne représentent en effet, qu'une mise au point constamment rectifiée, qu'une sorte d'agrandissement théorique de ses impressions d'adolescent. A travers des écarts sans nombre, car Stendhal est un être de caprice et de primesaut, on en suit la trace continue, et la ligne brisée revient toujours à sa direction primitive. D'autre part, si la philosophie pratique de Stendhal est l'explication ou la correction systématique de ses émotions juvéniles, son œuvre romanesque n'est aussi que la mise en œuvre, à la fois réfléchie et dramatisée, de ses souvenirs. Elle représente comme un journal de jeunesse tenu après coup, sur des événements déjà distants, par un homme demeuré parfaitement identique à lui-même, et ainsi s'explique, au surplus, que, par une rencontre à peu près unique, ses livres joignent la force pleine de la sensation présente à la lucidité du recul.

Les héros de ses romans — la remarque est banale, ou du moins devrait l'être — sont, sans exception aucune, de tout jeunes gens. Julien Sorel ne porte pas vingt ans quand il comparaît devant ses juges. L'histoire de Lamiel s'interrompt avant qu'elle ait cessé d'être une enfant, et celle de Lucien Leuwen avant qu'il soit devenu tout à fait un homme. Octave de Malivert, le principal personnage d'*Armance,* ne compte pas plus de vingt-cinq ans lorsqu'il s'empoisonne. Fabrice del Dongo a le même âge quand il quitte la citadelle de Parme, ce qui est la fin véritable du roman, et vingt-sept ou vingt-huit ans quand il redevient l'amant de Clelia Conti. Passé la jeunesse, — et les derniers chapitres de *la Chartreuse* en sont la preuve, — Stendhal ne s'intéresse plus à ses héros. Si le plan du livre l'oblige à les faire vivre, il se débarrasse d'eux au plus court et les dépêche en de brefs épilogues. Les milieux, les pays, les conditions varient ; cependant il a toujours écrit le même roman, celui dont il entretenait en lui-même la matière toujours ardente : le roman de la formation, de l'apprentissage, du premier contact avec un monde où l'on se sent différent, le roman de l'émotivité dévoyée ou méconnue et de la virginité sentimentale gardée malgré soi. Sa sensibilité d'écrivain n'étant que sa sensibilité de jeune homme miraculeusement préservée au delà des temps, il n'a pu et voulu saisir que les chaleurs d'émotion de la jeunesse, ses finesses de souffrance. Entre ses héros règne une communauté plus intime que celle de l'âge et du moment. Sous la diversité des apparences, l'examen le plus rapide révèle un fonds d'âme commun, des besoins, des penchants et des répugnances identiques. Ses romans ne sont ainsi, dans leurs parties essentielles, qu'une sorte d'autobiographie rétrospective. Il a pris pour personnage unique le jeune homme qu'il avait été, qu'il n'avait pas cessé d'être, et dont son imagination s'est employée à varier les positions ou les travestissements.

« Homme dénué d'invention... » a dit Sainte-Beuve. Le critique s'exprime ainsi dans celui de ses articles où il a jugé Stendhal avec le plus d'impatience et de rigueur, celui où l'on peut trouver par exemple la phrase que voici : « Ayant relu encore assez récemment ou essayé de relire ses romans tant préconisés, romans toujours manqués, malgré de jolies parties, et somme toute détestables, il m'est impossible d'en passer par l'admiration qu'on professe aujourd'hui, etc... » De telles formules dénotent évidemment de l'humeur, et cette humeur, chez l'homme qui avait écrit *Volupté*, se conçoit sans trop de peine. A condition de s'entendre bien sur les mots, la remarque de Sainte-Beuve est pourtant exacte. Stendhal est dénué d'invention au sens où Balzac en abonde, c'est-à-dire qu'il n'est pas un inventeur de types, d'actions, de péripéties. Son personnel et son répertoire sont si pauvres qu'il compose à lui seul presque toute la troupe. Bien que le plus habituel chez les romanciers, le mode d'invention qu'on pourrait qualifier de dramatique, lui fait presque complètement défaut. Mais l'erreur de Sainte-Beuve est d'argumenter comme si la faculté d'inventer, c'est-à-dire l'imagination, ne pouvait affecter d'autres formes. L'imagination a pour fondement nécessaire l'observation, et elle consiste essentiellement à développer, à projeter dans le possible les données que l'observation procure. Un fait quelconque, que le vulgaire envisage comme une réalité isolée, autonome, ou comme le point terminal de la série de causes qui le déterminent, devient au contraire, pour l'homme doué de la faculté imaginative, le point de départ d'une infinité de séries possibles. L'imagination voit un commencement où la raison constate un effet, et, de ce point initial, elle fait rayonner, comme d'un carrefour, une multitude d'avenues divergentes qu'elle embrasse et remonte d'un coup d'œil. Mais ce travail peut s'accomplir sur l'observation intime comme sur l'observation extérieure. Le fait sentimental, comme le fait matériel, peut féconder l'imagination, lui suggérer des directions, des aventures, des découvertes. C'est en ce sens que Stendhal découvre ; il possède au plus haut point la faculté d'invention qui part de l'examen personnel et que met en jeu la vie intérieure. Comme tous les hommes qui ont vécu penchés sur eux-mêmes, et que rien n'a distraits de cette contemplation, il emploie son imagination à développer en tous sens les virtualités de son propre caractère. Il se soumet sans cesse à de nouvelles épreuves, à de nouvelles extensions. Il emprunte aux faits dont le hasard le rend témoin, ou qu'une lecture lui fournit, les éléments de biographies imaginaires. Il se transporte dans d'autres conditions ou d'autres temps ; il se transportera même — et c'est la singularité du roman de *Lamiel* — dans un autre sexe. Il compose les circonstances où une nature comme la sienne se fût sentie le plus durement opprimée, les conditions où elle se fût développée le mieux à l'aise. C'est sa propre sensibilité qu'il fait rayonner en tous sens ; il s'invente incessamment lui-même.

※
※ ※

Pour le surplus, reconnaissons avec Sainte-Beuve que sa capacité d'invention est à peu près nulle. Les éléments dramatiques de ses romans sont choisis comme au hasard, en se fiant à la seule justesse de l'instinct, et combinés au petit bonheur avec les données de l'expérience personnelle. Faut-il rappeler, par exemple, les origines de *la Chartreuse* ? Dans l'été de 1832, à Palerme, Stendhal met la main sur un manuscrit du xvi° siècle « moitié en patois napolitain, moitié en mauvais italien ». Ce manuscrit contient une suite de chroniques scandaleuses sur la famille Farnèse et particulièrement l'histoire de Vannozza Farnèse. Cette histoire l'enchante, car tout le séduit chez les Italiens de la Renaissance, le mélange de raffinement et de fureur, la brutalité primesautière des passions, le goût du risque, un amour farouche de l'art, tout ce qui est à l'antipode des mérites de salon et de l'agrément parisien. D'autre part, Stendhal professe un goût déterminé pour l'histoire, non pour l'histoire officielle qui flatte, trompe et ment, étant rédigée sur l'ordre des gouvernements par des courtisans à gages, mais pour l'histoire secrète, l'histoire des mémoires, des lettres, des documents de première main, qui livre involontairement la réalité des faits comme un sursaut instinctif livre la réalité d'un caractère. Duclos et Saint-Simon, les mémoires authentiques ou apocryphes sur le xviii° siècle, les chroniques de la Renaissance imprimées ou manuscrites font une de ses lectures habituelles. Il y guette, il y trouve de la vérité à l'état brut, de la pure substance de vie, et c'est l'histoire, bien plutôt que l'expérience quotidienne, qui sert d'aliment ou d'épreuve à sa science personnelle du cœur humain. Les aventures de Vannozza Farnèse font sur lui une impression telle qu'il en expédie un long récit à son ami Romain Colomb dans une lettre du 27 août 1832. Qu'on reprenne cette lettre, on croira lire une analyse de *la Chartreuse*.

L'histoire se passe à Rome, vers 1450. Vannozza Farnèse, qui fut la femme la plus fantasque et la plus séduisante du temps, avait inspiré une ardente passion au cardinal Roderic Lenzuoli, neveu du pape Calixte III et vice-chancelier de l'Eglise. Roderic régnait sur l'esprit du pape; Vannozza régnait sur Rome. Mais la favorite, dans ses splendeurs, n'oubliait pas sa famille. Elle avait un frère, Pierre-Louis Farnèse, et ce frère avait un fils du nom d'Alexandre. Vannozza fit élever dans sa maison ce jeune neveu, qui lui ressemblait par l'esprit et par la grâce voluptueuse. Les folles gâteries de Vannozza, la toute-puissance de Roderic tournèrent la tête au bel Alexandre qui se crut tout permis et étourdit Rome de ses aventures. Un jour, tandis qu'il surveillait des fouilles près de Tivoli, il vit passer dans un carrosse une femme dont la figure lui plut. Le carrosse est attaqué, la femme enlevée ; les ouvriers employés aux fouilles prennent la fuite. Le sévère Innocent VIII, qui avait remplacé Calixte sur le trône pontifical, fait instruire l'affaire, et, malgré les manœuvres de Roderic, le bel Alexandre est arrêté quelques mois plus tard. On l'enferme au château Saint-Ange, dans la prison qui s'élève au-dessus de la première plate-forme. Il est sévèrement gardé et sa vie court le risque le plus sérieux lorsque Roderic parvient à lui faire passer une corde. « Avec cette corde, Alexandre eut le courage de descendre du haut du château, où était sa chambre, jusque dans les fossés. La corde avait bien trois cents pieds de long ; elle était d'un poids énorme ».

M. Adolphe Paupe, dans une note de la *Correspondance*, fait remarquer que Stendhal a reproduit dans *la Chartreuse* cet épisode de l'évasion. Il a reproduit bien autre chose. Toute l'action dramatique, tout le scénario de *la Chartreuse* est emprunté à l'histoire de la Vannozza. La chronique napolitaine lui procure toutes les péripéties du roman ; elle lui procure aussi ses personnages essentiels. Vannozza est la comtesse Pietranera ; le cardinal Roderic est le comte Mosca ; le bel Alexandre est Fabrice del Dongo. Sans doute, sur cette donnée fournie par un hasard de lecture, l'invention de Stendhal s'est exercée, mais son travail d'imagination a suivi la direction habituelle. Il a accepté telle qu'elle l'histoire qui l'avait frappé, sans l'enrichir sensiblement, sans l'étendre. Seulement, il s'y est logé lui-même. Il en a fait le cadre d'une biographie chimérique ; il a refait la vie de Fabrice en fonction de sa propre sensibilité. Il s'est dit : qu'aurais-je éprouvé, comment aurais-je réagi contre le dehors si j'avais grandi dans une petite cour italienne, neveu d'une favorite charmante et protégé d'un ministre tout-puissant ? Aurais-je cédé librement à la facilité des aventures ? Aurais-je gardé du malaise et de la mélancolie ? Aurais-je aimé ?... Tandis que son rêve suivait cette voie, une analogie inévitable l'a saisi. Le type des grandes courtisanes de la Renaissance ne s'est pas perdu totalement en Italie. Stendhal avait connu, à Milan, des femmes en qui survivait la liberté du caprice, le sens raffiné du plaisir, et cette franchise de passion à la fois fantasque et despotique. Par exemple, l'Angela Pietragrua qu'il avait aimée en 1800, et dont il était devenu l'amant en 1811, aurait fait figure aux cours galantes de Rome, de Ferrare ou de Naples. Vannozza Farnèse idolâtrait son neveu. Angela Pietragrua, avait un fils qu'elle chérissait. Une lettre à Pauline[1] nous apprend qu'Antonio Pietragrua, alors âgé de quinze ans, et « sergent de son métier », était passé en France, apparemment pour prendre service dans l'armée impériale. Le type de Gina Pietranera, avec son nom à peine déformé, naît ainsi de la confusion d'Angela Pietragrua avec Vannoza Farnèse, et l'on voit apparaître l'origine des premiers chapitres du livre, du

---

1. Lettre du 8 octobre 1813.

passage de Fabrice en France, de l'épisode de Waterloo. Le contenu sentimental du roman va se former à son tour par un mélange, ou plutôt par une sorte de transaction entre la donnée historique et l'aventure personnelle. Puisque Stendhal fut l'amant de la Pietragrua, il y aura de l'amour entre Gina et Fabrice ; puisque Alexandre était le neveu, le fils adoptif de Vannozza Farnèse, cet amour, vaguement teinté d'inceste, conservera quelque chose de latent et d'ambigu. Au reste, Angela Pietragrua n'était pas une femme que Stendhal pût pleinement aimer : trop de rouerie persistait dans son esprit et trop de légèreté dans son caractère. A Milan même, il avait connu le digne objet d'un amour véritable, cette Métilde Dembowska, au visage de madone lombarde, à la fois si pure et si passionnée, que toutes ses instances, toutes ses souffrances n'avaient pu fléchir. A la folle Gina va s'opposer ainsi dans le roman une autre figure de femme, plus scrupuleuse, plus grave, sans doute plus amoureuse. Fabrice entre Gina et Clelia Conti, c'est Stendhal entre Angela Pietragrua et Métilde. Et que le rêve prenne ici sa revanche sur la réalité : donnons à Fabrice le bonheur qu'attendit vainement Stendhal ; supposons qu'en un instant de péril mortel, Métilde ait prit le courage d'aimer, ou d'avouer son amour...

Voilà le travail d'invention presque achevé. Il obéit toujours à la même loi : départ du passé vers le possible, emploi des données fortuites ou des souvenirs personnels à des constructions rétrospectives d'avenir. La vérité des sentiments est la seule à laquelle puisse prétendre un roman construit par de semblables procédés, et Stendhal, en effet, bien qu'il ait eu l'histoire pour tremplin, y sacrifie sans hésiter jusqu'à la vérité historique. Une fois digérée par l'imagination, la chronique napolitaine s'est transformée en un roman personnel, un roman dont il devient lui-même le personnage central. Or, un personnage comme le sien est inconcevable, à quelque degré, en dehors du temps où il a réellement vécu, et, du coup, le roman devient un roman moderne. L'histoire de Vannozza, de Roderic et d'Alexandre se transporte, en bloc, dans l'Italie de 1825: Stendhal s'est rendu compte que certaines façons de sentir n'étaient pas encore possibles à la fin du xv° siècle, mais il ne se soucie pas un seul instant que certaines façons d'agir soient devenues impossibles au dix-neuvième. Dans le scénario fourni par le vieux chroniqueur, il ne prend même pas la peine de corriger les détails que le déplacement des temps rend spécialement inadmissibles. Par un sentiment de reconnaissance pour son auteur, il place l'action à Parme, qui fut le domaine princier des Farnèse ; et, comme il a besoin du château Saint-Ange pour l'épisode de l'évasion, il le fait voyager de Rome à Parme. Les licences qu'il prend avec l'histoire sont à peu près de même envergure... Comment s'expliquer que tant de critiques, parmi lesquels les plus pénétrants appréciateurs de Stendhal, aient vu dans *la*

Chartreuse un produit de l'observation objective, le livre où il avait déposé sa longue expérience de la vie italienne ? Même s'ils ignoraient, comme il semble, l'origine véritable du roman, comment leur est-il échappé qu'ils avaient devant eux des aventures et des tableaux de la Renaissance italienne, transportés arbitrairement dans l'âge moderne pour l'unique vraisemblance du personnage principal ? Imagine-t-on qu'une petite cour princière d'Italie, même au temps de Metternich et de la Sainte-Alliance, ait pu ressembler à celle des Ranuce-Ernest ? Toute la partie d'intrigue et de cabale est du temps de Machiavel ; toute la partie d'action violente est du temps de César Borgia. Le fureteur, l'érudit a fourni la matière, non l'observateur. Vanter *la Chartreuse* comme un tableau fidèle de l'Italie de 1820 serait ménager d'étranges erreurs aux historiens de l'avenir. Un homme de notre temps s'est logé, avec toutes ses dépendances indispensables, dans un récit du xve siècle, parce que son tour propre d'imagination le portait à cette mascarade sentimentale, parce que sa rêverie solitaire, et concentrée chagrinement sur elle-même, goûtait une sorte de revanche à recommencer la vie sans cesse sur nouveaux frais.

**

Pour chacun des romans de Stendhal, on pourrait tenter une démonstration analogue. Il est indifférent à la pertinence, à la consistance des intrigues, de même qu'il est indifférent à la concordance des milieux. Pourvu qu'il reconstitue, avec cette justesse prodigieuse et presque offensante, la suite des états mentaux de Fabrice pendant la bataille, peu lui importe d'emprunter ses vieux souvenirs du Mincio ou de Bautzen et de placer Waterloo dans une plaine lombarde ou silésienne. Pourvu qu'il s'y puisse situer sous un aspect nouveau, pourvu qu'il y trouve un cadre, un éclairage aux émotions acquises et aux actions possibles, toute aventure lui est bonne ; il la prend où il la trouve, sans se donner la peine de l'aménager plus précisément à ses fins. Le roman inachevé dont Romain Colomb et Mérimée publièrent après sa mort un fragment intitulé : *le Chasseur vert*, et que Jean de Mitty édita sous le titre de *Lucien Leuwen*, contient une collection particulièrement riche de notations ou d'imaginations personnelles. Cependant, il paraît probable que Stendhal a emprunté l'intrigue, les noms, les personnages accessoires, et tout ce qui n'est pas lui-même dans le personnage principal, à un roman manuscrit que le hasard avait mis entre ses mains. Une de ses amies et correspondantes parisiennes, madame Jules Gaulthier, plus familièrement dénommée madame Jules, sur qui MM. Chuquet et Cordier ont fourni de suffisants détails, lui avait adressé à Civita-Vecchia, pour lecture et pour avis, un roman provisoirement dénommé *le Lieutenant*. Stendhal envoya le jugement demandé, qui était sévère, mais il paraît bien résulter de sa propre lettre [1] que le *Lucien Leuwen* qu'il commença d'écrire la même année n'est autre que *le Lieutenant* refait à sa façon. L'histoire conçue par madame Jules avait agi sur son imagination spéciale. Il s'était pris à rêver comment se serait passée sa jeunesse, s'il avait eu pour père un riche banquier, placé par sa fortune et son esprit au centre du monde politique. Quant à la source du *Rouge et Noir*, Colomb l'avait déjà signalée dans sa notice nécrologique et Casimir Stryienski l'a mise entièrement au jour il y a dix ans. Stendhal était amateur de documents judiciaires comme de curiosités historiques, et pour la même raison : la vérité s'y livre toute crue ; le coup de sonde touche l'âme humaine jusqu'en son tréfonds. Une cause célèbre du temps, le procès de l'ouvrier Lafargue, a hanté son esprit avec une insistance dont M. Faguet s'est impatienté. Or, en 1827, il put lire dans la *Gazette des Tribunaux* le compte rendu de débats plus singuliers encore, d'autant plus frappants pour lui qu'ils s'étaient déroulés dans sa ville natale, devant la cour d'assises de l'Isère, et que la victime portait le nom d'un de ses amis.

Il s'agissait d'un crime commis par un séminariste à l'intérieur d'une église, et pendant la

---

[1]. Cette lettre est du 4 mai 1834. Stendhal propose comme titre à madame Gaulthier « Leuwen, ou l'Elève chassé de l'Ecole Polytechnique ». Il ajoute : « Le caractère d'Edmond, ou l'académicien futur, est ce qu'il y a de plus neuf... » Edmond devient Ernest dans *Lucien Leuwen,* mais son caractère demeure intact. Stendhal conclut : « Je suis tout plein du *Lieutenant* que je viens de finir... »

messe. L'inculpé, un jeune homme de vingt-cinq ans nommé Antoine Berthet, avait tué d'un coup de pistolet, à bout portant, une certaine madame Michoud dont il avait élevé les enfants, après quoi il s'était tiré deux balles dans la bouche, sans autre résultat que de se défigurer. L'acte d'accusation retraçait la jeunesse du criminel. Né dans un village de la montagne dauphinoise, le même où s'était passé le crime, fils d'un pauvre maréchal ferrant, Antoine Berthet avait manifesté de bonne heure du goût pour l'étude, et d'ailleurs sa constitution trop débile l'eût empêché de continuer le métier paternel. Les notables du cru prirent de l'intérêt pour lui ; « leur charité plus vive qu'éclairée songea à tirer le jeune Berthet du rang modeste où le hasard l'avait placé et à lui faire embrasser l'état d'ecclésiastique »... Instruit d'abord par un vénérable curé, il entra au petit séminaire de Grenoble. Au bout de quatre ans, une maladie grave l'obligea à interrompre ses études et à regagner son village. Son père le reçut fort mal, mais le bon curé le recueillit et parvint à le placer chez M. Michoud, qui lui confia l'éducation de ses enfants. Madame Michoud était « une femme aimable et spirituelle, alors âgée de trente-six ans et d'une réputation intacte ». Antoine Berthet devint son amant, ou du moins il affirma dans sa défense qu'il l'était devenu, et l'examen des faits porte évidemment à le croire. Une servante congédiée dénonça l'intrigue à M. Michoud qui jeta Berthet à la porte. Le jeune homme entra au séminaire de Belley et n'y put rester, fut admis ensuite au grand séminaire de Grenoble d'où les supérieurs le chassèrent encore. Il trouva enfin un emploi de précepteur dans une famille noble, chez un certain M. de Cordon. Mais, après un an, M. de Cordon le congédia pour des raisons imparfaitement connues et qui paraissent se rattacher à une nouvelle intrigue. Antoine Berthet voulut reprendre ses études sacerdotales, mais toutes les portes demeurèrent closes devant lui. C'est alors qu'ayant acheté à Lyon une paire de pistolets, il s'introduisit dans l'église du village, un dimanche matin, pendant la messe. Madame Michoud entra, accompagnée de ses deux enfants et de l'amie qui lui avait servi de confidente. Et pendant la communion, « lorsque tous les cœurs s'élevaient vers le Dieu présent sur l'autel, lorsque madame Michoud prosternée mêlait peut-être à ses prières le nom de l'ingrat qui s'était fait son ennemi le plus cruel », Antoine Berthet tira.

L'intrigue du *Rouge et Noir* est contenue dans ce compte rendu judiciaire encore plus exactement que le scénario de *la Chartreuse* dans la chronique napolitaine. Madame Michoud, la provinciale aimante, et jusqu'alors irréprochable, qui s'éprend du débile précepteur de ses enfants, c'est madame de Rénal. Nous reconnaissons auprès d'elle madame Derville, la fidèle confidente, Elisa, la femme de chambre délatrice. Le vénérable curé Chelan tient son rôle et le charpentier Sorel, père de

Julien, n'a fait que changer de profession. L'enfance, l'éducation, le préceptorat, la liaison amoureuse avec la mère de ses élèves, le séminaire, le passage dans une maison noble, le crime final, toute l'histoire de Julien Sorel est là. Il n'est pas jusqu'à son portrait physique qui ne soit emprunté au document, son apparence frêle, sa pâleur « contrastant avec de grands yeux noirs qui portent l'empreinte de la fatigue et de la maladie ». Berthet chez M. de Cordon, c'est Julien Sorel chez M. de la Môle et mademoiselle de Cordon a visiblement inspiré le personnage de Mathilde. Berthet, dans son interrogatoire, avait dû reconnaître, avec beaucoup d'hésitations délicates, qu'il avait inspiré à mademoiselle de Cordon un intérêt de la nature la plus tendre. Il avait un visage charmant, et la jeune fille vivait seule, entre son père et les enfants dont Berthet se trouvait chargé, dans un vieux château de la montagne. Elle suivit un jour le précepteur dans le bois où il allait rêver à madame Michoud, et les questions qu'elle lui fit ressemblaient beaucoup à des aveux. Jusqu'où l'aventure fut-elle poussée ? Berthet l'a tu. Mais, en congédiant Berthet, M. de Cordon déclara que les aveux qu'il avait reçus de sa fille et le soin de son honneur exigeaient que Berthet ne restât pas plus longtemps sous son toit [1]. » En pous-

---

1. Cette citation, comme les précédentes, est empruntée à des impressions d'audience, rédigées par un juré, qui ont été retrouvées dans les papiers de Stendhal et publiées par M. Stryienski.

sant jusqu'à leur terme naturel les amours de Julien et de Mathilde, Stendhal n'a fait que remplir un blanc. Il s'est souvenu d'ailleurs, en temps opportun, pour les détails précis que le document Berthet ne fournissait pas, d'une anecdote qu'on lui avait contée en Italie et qu'il avait déjà reproduite dans *Rome, Naples et Florence* : l'histoire de la jeune Lauretta et de don Nicolas S..., les périlleuses amours nocturnes où l'amant montre tant d'audace intrépide et la jeune fille un si prodigieux sang-froid. Le roman est tout fait ; il ne reste plus qu'à insérer dans le personnage la sensibilité même de Stendhal, cette âme de jeunesse toujours présente et pour qui l'imagination dispose sans cesse de nouveaux logis.

Il est si vrai que le roman est tout fait que, cette fois encore, Stendhal ne le modifiera plus. Il ne touchera même pas aux épisodes que la transposition du héros devait rendre invraisemblables ou absurdes. Fût-on pénétré pour *le Rouge et le Noir* de l'admiration la plus ardente, il est impossible d'en accepter le dénouement. Quand M. Faguet le juge « bien bizarre, et, en vérité, un peu plus faux qu'il n'est permis », il énonce un jugement auquel les stendhaliens les plus partiaux doivent souscrire, et qu'il a fortifié d'ailleurs par une invincible démonstration. Julien Sorel, installé à Paris chez le marquis de la Môle dont il possède la confiance et les secrets, est devenu l'amant de Mathilde, fille du marquis. Mathilde, enceinte, avoue la vérité à son père. Après un très court moment de colère, le marquis convient que le mariage est inévitable et ne s'inquiète plus que de le faire accepter au monde, en dotant Julien d'un grade et d'un faux état civil. Sur ces entrefaites, madame de Rénal, chez qui Julien, quelques années auparavant, avait joué le rôle d'Antoine Berthet : précepteur des enfants, amant de la mère, écrit à M. de la Môle pour lui révéler cet antécédent. Pourquoi la lettre de madame de Rénal porte-t-elle un coup si rude au sceptique et cynique marquis de la Môle ? Pourquoi se résout-il, de ce chef, à rompre brutalement un projet de mariage que tant de motifs majeurs font indispensable ? Pourquoi Julien, sitôt mis au fait, au lieu de se précipiter chez le marquis et de lui remontrer sa folie, prend-il la poste pour le village de Franche-Comté où vit madame de Rénal et lui tire-t-il deux coup de pistolet ? Nulle raison concevable, sinon précisément qu'Antoine Berthet avait tiré deux coups de pistolet sur madame Michoud. Mais, dans le cas de Berthet, les mobiles du crime s'expliquent. Il était jaloux, madame Michoud ayant pris un autre amant depuis son départ ; il avait réellement souffert de persécutions effectives, ou du moins il avait pu rapporter à l'histoire Michoud, colportée par les commères et même par le mari, ses renvois successifs du séminaire, l'incapacité où il se trouvait de gagner son pain. Julien Sorel, au contraire, n'a jamais souffert du fait des Rénal et n'a rien à craindre d'eux ; la seule lecture de la lettre délatrice suffit à prouver que madame de Rénal n'en est nullement responsable et l'a écrite sous la dictée de son confesseur. On ne conçoit de la part de Julien ni jalousie, ni désir de vengeance. Pourtant, Stendhal a tant d'indifférence pour ce qui touche l'arrangement dramatique et la vraisemblance extérieure qu'il a suivi jusqu'au bout, sans prendre la peine de l'adapter ou même de le justifier, le scénario fourni par le document.

L'analogie avec *la Chartreuse* est complète sur ce point, et la conséquence à tirer est du même ordre. Il ne faut voir chez Stendhal ni un inventeur de types, ni même — en dépit de la formule fameuse : « Le roman est un miroir qui se promène sur une grande route » — un observateur réaliste des mœurs. *Le Rouge et le Noir* n'est pas plus un tableau de la France de la Restauration que *la Chartreuse* n'est une restitution de l'Italie autrichienne et papaline. Les objections des commentateurs qui, comme Edouard Rod, n'ont voulu voir, dans ces soi-disant tableaux de mœurs, que de vagues et fantaisistes caricatures, s'expliquent ainsi tout naturellement. *Le Rouge et le Noir* est un journal de jeunesse raccordé chronologiquement, au moyen de retouches superficielles, avec le fait divers qui devait lui servir de cadre. Les scènes provinciales, par exemple, sont fournies par les impressions de Grenoble, à peine rafraîchies ou enrichies, mais disposées autour de quelques idées du moment, telles que l'influence despotique de la Congrégation. Cette idée, en 1830, était à la portée du premier venu, et, dans l'emploi qu'en fait Stendhal, on sent l'influence de Béranger ou de Paul-Louis Courier plutôt que la vision ou la vérification personnelle. En fait, quels que fussent ses dons de clairvoyance et de curiosité, jamais le monde extérieur ne l'attacha par une attention désintéressée ou autonome. L'observation, chez lui, dépendait rigoureusement de l'émotion. Enfermé dans cette sorte de passé actualisé où il dura, il ne retenait des choses que ce qui se rapportait à lui, évoquait son souvenir, excitait son rêve, ce qui lui permettait de repasser ou de recomposer sa vie, et c'est cet infatigable exercice qui nous a valu la partie immortelle du livre, le personnage de Julien Sorel.

*
**

Savoir dans quelle mesure Stendhal a voulu se peindre en ce personnage est la plus ancienne des controverses stendhaliennes. Lui-même cependant avait tranché d'emblée la question : il déclarait couramment à ses amis parisiens que Julien Sorel n'était autre qu'Henri Beyle. Mais ses amis n'en voulurent rien croire et ne prirent son aveu que pour une forfanterie cynique ou pour une des mystifications froides dont il abusait volontiers ses familiers. Romain Colomb a toujours nié que *Le Rouge et le Noir* eût le caractère d'une autobiographie, sans quoi il eût hésité apparemment à traiter Julien de « mauvais garnement, dépravé par des études incomplètes auxquelles l'éducation de famille n'avait nullement préparé son intelligence ». Mérimée, dans une lettre écrite sur sa première impression de lecture, reproche à Stendhal d'avoir choisi un type impossible et qui se contredit à chacune de ses actions. Selon Sainte-Beuve, le personnage n'est pas un vivant, mais un automate ingénieusement construit. Les amis de Stendhal ne l'ont donc pas reconnu, et la raison en est simple, c'est qu'ils ne le connaissaient pas. Les critiques de notre temps montrèrent plus de pénétration. Edouard Rod, E.-M. de Voguë, M. Paul Bourget, guidés par la seule lecture du texte et la seule intelligence de l'écrivain, mais n'étant plus égarés par une fausse idée de l'homme, ont clairement perçu l'accent de la confession personnelle. Ils ont compris qu'à l'exemple de ces peintres qui nous ont laissé leur portrait sous vingt oripeaux différents, Stendhal avait une fois de plus reproduit ses propres traits sous un costume de caractère. Depuis lors est venue la preuve décisive, c'est-à-dire la publication des papiers posthumes, et pour qui se souvient du *Journal*, de *Henri Brulard*, des lettres à Pauline, le doute n'est plus permis.

Stendhal est entré de plain-pied dans la vie et dans la personne d'Antoine Berthet sans qu'il eût même à fournir l'effort d'appropriation qu'avait exigé l'histoire des Farnèse. Tous les malheurs du jeune séminariste résultaient évidemment d'une enfance solitaire et contrariée.

On devinait que, partout et toujours, il avait été victime de sa finesse physique, de son intolérance sensible, de la susceptibilité de son cœur et de son corps. Dans son village natal, au séminaire, chez les étrangers où l'avait placé sa condition, il avait dû paraître singulier, différent des autres. Incompris de tous, il n'avait pu s'adapter à rien ; sa supériorité sur son état, l'antipathie qu'il inspirait l'avaient isolé du monde. Deux femmes cependant avaient deviné la force d'amour que refoulait en lui cet enfant timide, deux femmes, pareilles à celles que Stendhal avait attendues en vain dans son logis d'étudiant pauvre, capables de lire dans un cœur difficile et de faire l'avance de leur amour. Tous ses souvenirs de famille, d'enfance, d'école s'intégraient spontanément dans ce cadre. Il ne restait plus qu'à transporter à Paris Berthet-Sorel, qu'à imposer l'épreuve du monde à ce provincial orgueilleux et dépaysé. Au séminaire, il était au-dessus des autres ; dans le monde, il allait souffrir d'une inégalité contraire, et toujours se sentir déplaisant et déplacé. Pour réunir les deux courbes, il suffisait que M. de Cordon, au lieu d'un noble de province, devînt un gentilhomme de cour, et que Julien Sorel, précepteur ou secrétaire, fût introduit sous cette espèce dans la société du faubourg Saint-Germain. Les souvenirs de l'hôtel Daru trouvaient aussitôt leur emploi et ainsi, en le forçant d'un cran, d'un ton, le *Journal* donne d'avance toute la matière du *Rouge et Noir*. Sorel est un fils de paysan et non pas un fils de bourgeois comme Stendhal; chez les Rénal ou dans la maison de la Môle, il tient l'état d'un salarié, d'un mercenaire, et non pas seulement d'un hôte subalterne et d'un parent pauvre. Pour augmenter les distances, les la Môle s'élèvent eux-mêmes de quelques degrés sociaux au-dessus des Daru. L'intrigue amoureuse avec Mathilde de la Môle, fournie par le document Berthet, se dispose de telle façon que l'amour-propre de Julien y soit constamment intéressé, son imagination exaltée et « renversée » tour à tour. Voilà Julien condamné, comme Stendhal lui-même et dans des conditions plus cruelles encore, aux sautes alternées de l'orgueil et de l'humiliation, aux retours triomphants ou désolés sur sa destinée... Ainsi se construit une biographie quelque peu noircie ou tirée au drame, sous l'attraction du fait divers qui en a suggéré l'idée et du dénouement qui doit l'achever.

Ce qui fait reculer devant l'évidence de cette vérification, ce sont peut-être les jugements indignés qu'a suscités, un demi-siècle durant, le personnage de Julien Sorel. S'il est vrai que Stendhal se soit peint en Julien Sorel, ne devait-on pas le tenir, sur l'autorité des experts, pour le plus bas scélérat, pour un monstre de dépravation et de cruauté ? On vient de lire le jugement de Colomb. Mérimée parle à son tour du « type effrayant » de Julien, des « traits atroces qui font horreur ». Charles Monselet, dans une formule pourtant heureuse à bien des égards, dit : « C'est la mauvaise jeunesse de

Rousseau qui recommence. » E.-M. de Voguë le tient pour « une âme méchante » et Caro pour « le plus infâme petit roué qu'il y ait au monde ». On pourrait multiplier les citations sans la moindre peine [1] ; le difficile est de s'expliquer cette révolte et cette horreur. Mettant à part, comme on le doit, un dénouement factice et postiche, on cherche en vain où est le crime de Julien Sorel, où est sa faute. Pendant le cours entier de son histoire, chez les Rénal, au séminaire, à Paris, il se conduit vis-à-vis des hommes avec une probité rigide, sans une déloyauté, sans une bassesse, sans causer volontairement une souffrance, sans trahir une confiance ou une amitié. On ne relève dans son histoire ni les friponneries de Rousseau, ni même les peccadilles banales de l'adolescence. Sa fidélité à sa parole est exemplaire ; sa délicatesse sur l'argent scrupuleuse. Est-ce sa conduite à l'égard des femmes que l'on incrimine ? Sans doute, étant précepteur des jeunes Rénal, il devient l'amant de leur mère. Mais qu'est-ce que la séduction d'une femme mariée et presque mûre par un gamin de seize ans ? Cet enfant chaste, sur quelques impressions de lecture et de conversation, vient de concevoir pour la première fois les imaginations « que tout autre jeune homme de son âge aurait eues depuis longtemps ». Un soir, au jardin, tandis que la famille réunie prend le frais sous un grand tilleul, il touche, par le hasard d'un

---

1. Il suffit, en effet, de se reporter au livre excellent de M. Ad. Paupe, *Histoire des œuvres de Stendhal*.

geste, la main de madame de Rénal appuyée au dos d'une chaise. Cette main se retire bien vite, mais une idée a envahi Julien, « l'idée d'un devoir à accomplir et d'un ridicule ou d'un sentiment d'infériorité à encourir si l'on n'y parvenait pas ». L'âme de Julien tient tout entière dans cette phrase, et l'on voit que ce n'est pas une âme de méchant ni de roué. S'il attaque madame de Rénal, il ne sera pas mû, comme Valmont, par une pensée de triomphe ou de saccage, par le besoin d'attester sa force, de souiller le spectacle offensant d'une vertu, mais par la peur d'être jugé trop innocent ou trop timide. Convaincu que chacun de ses actes attire les regards et défraie les conversations, il imagine un sourire de mépris, le propos de madame de Rénal à une amie : le petit n'a pas osé !... il a compris que son état le lui défendait... Il ne supporte pas l'idée que l'inexpérience de son âge et sa condition dépendante le placent, vis-à-vis d'une femme, en infériorité sur tel bellâtre du pays. Nous pourrions récrire ici, de Julien, tout ce que nous avons énoncé sur Stendhal lui-même. Stendhal a connu, sans nul doute, ces troubles de l'amour-propre, parfaitement indépendants de l'amour. En face d'Adèle Rebuffet ou de Mélanie Louason, en face de madame Daru, — si l'on s'en rapporte à l'écrit posthume intitulé *Consultation pour Banti*, — il a éprouvé qu'une sorte de sentiment d'honneur imposait l'audace et l'entreprise, que le geste hardi était parfois le geste attendu, qu'à ne pas oser on s'avouait indigne ou subalterne, et, pour ne pas encourir la moquerie, qui est le lot des timides, il s'est raidi contre sa timidité. La gêne et l'amour-propre mêlés peuvent inspirer ainsi les témérités les plus folles, et la différence entre Julien et Stendhal est que l'homme s'en est tenu le plus souvent au projet et au remords, tandis que le personnage de roman exécute. Il fait serment le lendemain, pendant que sonnera le dernier coup de dix heures, de reprendre la main de madame de Rénal et il tient parole, mais en se faisant « la plus forte violence » et « après un affreux combat que le devoir livrait à la timidité ». Cette timidité est telle que, pour vaincre, il est obligé de se condamner à mort en cas d'échec. Si, à dix heures précises, il n'a pas exécuté ce qu'il s'était prescrit, il montera dans sa chambre se brûler la cervelle. Quand il a repris la main de madame de Rénal, son âme s'inonde de bonheur, non qu'il aime ou que le vertige du succès le saisisse, mais parce qu'un affreux supplice vient de cesser. Le précepteur, bafoué par les paysans et traité de haut par son maître, a risqué sa place et son pain, s'est vaincu lui-même pour ne pas s'exposer à une mine dédaigneuse de femme, pour être compté par le monde. A cet âge, conclut Stendhal du fond de son expérience personnelle, « l'idée du monde et de l'effet à y produire l'emporte sur tout ».

La perversité commencerait avec l'abus de cet avantage. Une fois la timidité rompue et l'orgueil sauf, si Julien, sans amour et froidement, s'acharnait à la conquête, il mériterait les anathèmes de Mérimée et de Caro. Mais ici intervient un facteur nouveau : madame de Rénal aime pour la première fois de sa vie. Elle abandonne sa main glacée, guette Julien de sa fenêtre, défaille quand il quitte la maison, se ranime avec sa présence, et, sur une menace de départ, finit par lui avouer son amour. Quand Julien, après lui avoir annoncé sa venue, frappe à sa chambre à deux heures du matin, il ne trouva pas la porte fermée. Julien a réalisé d'un geste l'amour latent qui finit par le gagner. Est-il bien coupable d'y céder ? Faut-il voir dans cet abandon un trait de caractère atroce et la preuve d'une précoce scélératesse ?... Les critiques impitoyables ont également oublié, sans doute, que Mathilde de la Môle prend toutes les avances à son compte, force pas à pas la résistance hautaine de Julien, finit par lui faire tenir une déclaration d'amour et par lui assigner un rendez-vous dans sa chambre. Devant ces provocations précises, l'abstention deviendrait le plus cruel aveu d'humilité. Un égal pourrait hésiter et morigéner l'imprudente héroïne. De la part d'un petit secrétaire du marquis, le refus signifierait : je risque trop...., ou bien : je suis indigne de votre choix ; comment avez-vous pu lever vos regards sur ma misérable personne ?... Dans l'une ou l'autre hypothèse, on encourt le mépris des autres et l'on se dégrade à ses propres yeux. Il ne faut pas juger selon les règles convenues les âmes nobles, les âmes à l'espagnole, que la vie a trop cruellement refoulées et qui gardent pour richesse unique un grand sentiment d'elles-mêmes.

Sans doute — et, dans le fond, ce trait est celui qui rebute — on ne sent pas chez Julien d'impulsion libre et abandonnée. Il demeure en lui tout à la fois quelque chose de lucide et de sombre ; en toute conjoncture il conserve la tête froide ; on est gêné par la persistance de son calme et de sa réflexion. Lorsqu'il escalade l'échelle qui le conduira dans la chambre de Mathilde, on admire son courage ; on s'irrite qu'avant de tenter l'aventure il l'ait gâtée par tant de précautions soupçonneuses. Mais n'oublions pas que Stendhal travaille sur des impressions anciennes, et, bien qu'admirablement vivaces, filtrées par le temps, isolées et ordonnées par le recul. La mémoire astreint à une logique rigoureuse ce qui, dans la sensation présente, demeurait confus et tumultueux. Nous, cependant, par une habitude séculaire, nous confondons la passion et le désordre et taxons de froideur ou de sécheresse tout enchaînement de sentiments logiques et réguliers. Julien prévoit et calcule ; cette première apparence suffit, et nous n'allons pas chercher plus profondément cette ardeur bouillonnante et spontanée qui, pourtant, fait craquer à toute occurence une mince enveloppe de raison. N'oublions pas surtout que *le Rouge et le Noir* décrit le conflit sentimental d'un jeune homme avec le monde. Julien, gravissant son échelle, ignore s'il ne donne pas dans une ruse de guerre, si ses adversaires naturels, Norbert de la Môle et tous les beaux jeunes gens à moustaches, ne le guettent pas de quelque buisson. L'ennemi épie chacune de ses démarches, et lui-même se jugerait perdu, ce qui signifie dupe ou ridicule, s'il n'observait chaque mouvement et n'y répondait par la manœuvre appropriée. Ce n'est pas lui qui a ouvert les hostilités. Comme jadis Stendhal, que demandait-il autre chose, sinon de plaire et d'être aimé ? Faisant campagne à son corps défendant, il promène incessamment autour de lui le regard du cavalier en reconnaissance, et ne s'endort que les armes prêtes et à portée de la main.

*
* *

Taine et Emile Zola sont peut-être les premiers qui aient jugé Julien Sorel avec toute la sympathie d'une véritable intelligence. Taine le traite de héros, déclare que sa force de volonté monte à chaque instant au sublime, que le caractère « montre de grandes actions, des pensées profondes, des sentiments puissants ou délicats [1] ». Zola voit plus profondément en-

---

1. Ce jugement est emprunté à l'étude sur Stendhal publiée en 1864 dans la *Nouvelle Revue de Paris* et reproduite dans les *Essais de critique et d'histoire*. Mais on sait à quel point le système d'idées de Taine fut modifié, après 1871, sous l'influence de la Guerre et surtout de la Commune. Il changea d'avis sur Julien Sorel comme sur beaucoup de sujets plus importants. Il écrivait, le 8 juin 1886, à E.-M. de Voguë : « Sur *Rouge et Noir*, je suis à peu près de votre avis : Julien Sorel est trop odieux ; tant pis pour ceux qui prennent ce roman pour le chef-d'œuvre de Beyle... »

core, car il ne perçoit pas seulement la grandeur du personnage, mais aussi sa tendresse et sa grâce chimérique : « Une noble nature, sensible, délicate... Au fond, le plus noble esprit du monde, désintéressé, tendre, généreux. S'il périt, c'est par excès d'imagination ; il est trop poète. » Pourtant l'injurieuse légende qui s'est formée autour du personnage a déjà pris tant de consistance que l'auteur des *Romanciers naturalistes* en subit l'effet presque malgré lui. Comme les autres, il a dénoncé chez Julien le fanfaron de mensonge et de duplicité, l'hypocrite de sacristie. Il a supposé qu'il mentait tantôt par goût naturel et par une sorte de joie perverse à tromper les hommes, tantôt par intérêt et parce que le mensonge était l'outil nécessaire à sa fortune. Au reste, dans l'opinion courante, ce trait de caractère, confirmé par le titre du roman, n'en désignerait-il pas l'objet même ? *Le Rouge et le Noir*, cela ne signifie-t-il qu'après l'effondrement de l'Empire le règne ecclésiastique allait succéder au règne militaire et que, « les sacristies et les salons remplaçant les champs de bataille, l'hypocrisie allait être l'arme toute-puissante des parvenus » ?

Hypocrite, menteur, il semble malaisé de protéger Julien contre ces épithètes dégradantes. Mais pour quoi, contre quoi son hypocrisie s'exerce-t-elle ? Enfant, son père le battait et jetait d'un revers de main dans le ruisseau le livre qu'il lisait avec trop d'ardeur ; ses frères raillaient brutalement sa débilité corporelle. Il a menti pour éviter les coups et les insultes, et, comme il avait l'âme fière, il a dissimulé ses chagrins et ses humiliations. Contraint par son père d'accepter chez autrui une position à demi servile, cette même fierté l'a convaincu qu'il ne devait, contre ses gages, que son travail et son temps, mais qu'il restait seul maître de ses pensées. Au séminaire, entre des camarades envieux et sournois, son hypocrisie est devenue une sorte de politique, bien puérile et bien maladroite, mais toujours dirigée vers le même but : ne livrer à la contrainte extérieure que ce qu'elle a droit d'exiger, l'obéissance apparente, la conformité littérale à la règle ; refouler et resserrer jalousement au fond de soi ce qui n'appartient à nulle puissance, la vie intime, la pensée vraie, l'émotion secrète. Comme chez Stendhal, tout s'explique en lui par les conditions premières de l'éducation, par la précocité de la contrainte et de la souffrance. Quand on a durement appris ce qu'une imprudence peut coûter, quand la révolte franche est impossible ou n'aboutirait qu'à un asservissement plus brutal, on ne peut cependant choisir qu'entre la résignation et ce qu'on appelle l'hypocrisie, c'est-à-dire la discordance entre la manière d'agir et la manière de sentir. Les actes traduisent l'obéissance imposée, les sentiments traduiront la liberté que revendique, au cœur de lui-même, l'être vaincu, mais non soumis. L'hypocrisie marque ainsi le non-acquiescement au dehors, la révolte réservée ; elle est la forme de l'indépendance intérieure.

C'est encore être hypocrite, si l'on veut, que de cacher un cœur saignant sous un visage impassible, que de s'interdire, comme une humiliation, l'aveu de la blessure, et le stoïcisme, en ce sens, n'est autre chose qu'une hypocrisie. Julien, comme Stendhal, est un de ces hommes dont l'amour-propre et la sensibilité sont des proies toutes livrées, que l'ennemi ou même l'indifférent touchent à tout coup, mais qui ont assez de fierté stoïque pour ne pas se reconnaître atteints par l'expression de leur souffrance. Constamment méconnus ou croyant l'être, vivant dans un monde hostile ou qu'ils s'imaginent tel, déçus dans tous leurs appels vers le dehors, ils sont privés de l'épanchement, de la confidence. Quand, par miracle, ils se trouvent en présence d'un être droit, incapable d'une pensée mercenaire et dont le cœur, même plus grossier, peut les comprendre, la franchise les soulage comme une délivrance, et Julien connaît parfois cette détente heureuse avec madame de Rénal, avec son ami Fouqué, avec l'honnête et sombre abbé Pirard. Vis-à-vis des autres, quelle ressource reste-t-il, sinon de se dérober derrière une personne factice, de protéger par un rempart d'attitudes hypocrites une sensibilité incomprise ou persécutée, aussi prompte à se rétracter qu'à s'offenser ?

Odieuse lorsqu'elle est un moyen d'acquérir ou de parvenir et qu'elle traduit la sécheresse du cœur, l'hypocrisie devient légitime et presque noble, lorsqu'elle est un moyen de se défendre et qu'elle correspond à un excès de susceptibilité et de tendresse. Quand, en dépit de son allure, de son courage, de sa fierté, on conçoit Julien sous les espèces d'un Tartufe, quand on suppose que le sujet du *Rouge et Noir* est de montrer l'hypocrisie comme le mode de succès propre à l'état ecclésiastique, et cet état comme le seul qui, vers 1830, pût contenter l'ambition d'un jeune homme, on méconnaît donc gravement Julien Sorel et Stendhal. Sans doute, au début du livre, on nous avertit que le fils du charpentier Sorel avait résolu de prendre la soutane pour « faire fortune ». Mais Stendhal précise aussitôt ce que représente pour son héros l'expression « faire fortune ». Elle signifie seulement : quitter Verrières, quitter son père qui le frappe, ses frères qui jalousent sa jolie figure et ses mains blanches, quitter une ville où personne ne sent à l'espagnole, où tout se tranche par l'utilité, par le fait de rendre ou non du revenu ; gagner un endroit, quel qu'il fût, où l'on pourrait lire, rêver, jouir d'une émotion forte ; puis, à l'horizon, comme récompense suprême, être présenté aux jolies femmes de Paris et attirer leur attention. Julien a conçu « l'idée de génie » que l'état ecclésiastique pourrait lui faire quitter Verrières, de même que les mathématiques devaient tirer Stendhal de Grenoble. Quelques mois plus tard, quand il vit chez madame de Rênal, aimé d'elle, presque amoureux, presque heureux, l'idée du séminaire a disparu avec son objet. Il y entre cependant, mais à son corps défendant, parce que les indiscrétions d'une femme de chambre, le scandale naissant, l'intervention du vieux curé qui l'instruisit l'obligent à quitter sa maîtresse. Julien Sorel alors se fait prêtre, par déception, par nécessité, nullement par ambition.

Au reste, c'est dans ce mot d'ambition que gît le malentendu véritable. Par une erreur parfaitement concevable, puisque Stendhal en fournissait lui-même tous les éléments, on a tenu Julien pour le prototype de ce que nous appelons aujourd'hui « l'arriviste », pour le modèle ou le précurseur de ces aventuriers impitoyables qui sacrifient à leurs froids calculs tout mobile humain. Cette erreur remonte loin : en 1854, Sainte-Beuve signalait déjà chez Julien, « cette disposition à faire son chemin qui semble désormais l'unique passion sèche de la jeunesse instruite et pauvre ». Taine, à son tour, parle couramment du « jeune ambitieux », et M. Paul Bourget lui-même, qui a vu si clair dans ce livre comme dans l'œuvre entière de Stendhal, qui a si fortement montré, par exemple, « que le point de départ en avait été fourni à Beyle par une continue et dure expérience de la solitude intime », traite pourtant Julien de « bête de proie, allant à la chasse avec les armes de la civilisation ». Voilà précisément ce qui l'a fait haïr, et peut-être aussi ce qui l'a fait aimer, car la sympathie s'égare comme la haine. Quel est pourtant le caractère propre de l'ambition ? L'ambitieux n'est pas l'homme qui désire, mais celui qu'aucune satisfaction ne contente, qui recule incessamment son objet, celui surtout que ne rebute aucun des moyens dont la possession de l'objet paraît dépendre. A cela se reconnaît l'ambition. Elle ne se mesure pas à la grandeur du but, sans quoi les rêveurs et les poètes seraient les pires ambitieux, mais à la nature de ce but, à la constance de l'effort qui doit y mener, à l'acceptation et à l'emploi de tous les procédés jugés utiles. Julien se borne à désirer ; ce que l'on appelle son ambition n'est que l'exigence d'une sensibilité avide, que l'imagination nourrit de mirages enchantés. Il se croit né pour jouir de tout, pour recueillir le suc des êtres, la fleur des choses ; il se tient pour le convive de choix qui mérite la meilleure part du festin. Mais que lui offrira le sort s'il l'exauce ? Un rang flatteur, la fortune, la puissance ? Non pas, des sourires de femmes et les voluptés émouvantes du cœur. Ces voluptés, il est plus apte à les concevoir qu'à les posséder, ayant, dans le fond, plus de chimère et d'envol que d'appétit et de capacité sensuelle. Il les espère, les attend, s'y offre, mais ne s'efforce pas pour les obtenir. Il n'est qu'un enfant sauvage et ramené sur lui-même qui, dans son coin solitaire, sur quelques phrases de livres, a construit le rêve du bonheur.

Ambitieux, Julieu eût vendu au Ministère, contre une place, les secrets du marquis de la Môle. Il eût composé avec les agents de la Congrégation, avec l'abbé Castanède et le grand-vicaire de Frilair, au lieu de se compromettre avec ce janséniste d'abbé Pirard et de partager sa disgrâce. L'arrivisme ne connaît pas ces imprudences généreuses. Qu'est-ce qu'un ambitieux qui méconnaît son avantage matériel, qui se rebelle contre les puissants, qui ne suit que son penchant et sa sympathie ? Julien se concerte ou dissimule pour se protéger contre le monde, pour arrêter les jugements blessants ou la pitié humiliante ; il ne calcule jamais son intérêt. Pour éclairer pleinement le caractère, il suffirait de le comparer soit au dilettante sadique du *Disciple,* soit aux « bêtes de proie » de Balzac. Il est incapable, comme Robert Greslou, d'instituer, par pure et froide curiosité, une expérience inutile sur la chair vivante ; il ne se forme pas, comme de Marsay ou de Trailles, comme Rastignac après les leçons de Vautrin, une idée toute matérielle de la fortune, et il répugnerait à l'asseoir sur des cadavres et des ruines. Le Henri Mauperin des Goncourt, avec ses précautions méticuleuses et son air glacé de doctrinaire, lui aurait inspiré le même dégoût. Julien n'a jamais cherché à réussir, au sens où l'entendaient ces ambitieux authentiques, et il n'était pas armé pour cette réussite-là. A la rigueur, il eût été l'homme d'un coup de force, non d'une manœuvre tenacement suivie. Il est trop indocile, trop rebelle à certaines formes de bassesses, trop intolérant de l'ennui. Nulle considération de fortune ne l'eût fait acquiescer à un propos grossier, à une action vile, ou sourire complaisamment à un sot. Pour suivre une pensée d'amour ou pour calmer un scrupule d'orgueil, il eût interrompu l'intrigue la plus profitable.

Une action toujours calculée et tendue vers l'intérêt, sans un instant de rêve, de rémission, d'oubli du rôle, exige des caractères froids que nulle émotion n'aborde. Qu'on se rappelle l'épisode des lettres à madame de Fervacques. Cette belle dévote pourrait, d'un mot, faire Julien évêque; cependant, il recopie sans y penser les lettres qu'il lui adresse, possédé qu'il est de son amour pour Mathilde, et c'est miracle s'il n'est pas victime de sa distraction. Il contraint à chaque instant sa volonté et sa force, mais, eût-il livré la bataille, on le voit trop sensible, trop complètement possédé par l'idée du bonheur intime, pour n'être pas d'avance un vaincu. Des sursauts de révolte et de sincérité eussent, au moment décisif, bouleversé son plan de manœuvre. Il est moins différent que ne l'a cru M. Faguet du héros de Sainte-Beuve et, tout comme l'Amaury de *Volupté,* on le sent teinté d'une certaine langueur « rêveuse, attendrie et énervée ». Il aurait pu changer sans doute, avec le temps, et l'on observe de ces métamorphoses. L'expérience aurait pu le fortifier et l'endurcir, ramener vers les voies communes son énergie occupée par l'épanchement juvénile du sentiment, faire de lui l'homme d'action banal et véritable. Mais le charme éternel de la figure, sa vérité originale, sa poésie, c'est précisément que l'écrivain l'ait saisie au moment où toutes les crédulités, toutes les exigences de la jeunesse subsistent encore, où le mépris des hommes traduit plus d'inexpérience que de cynisme, où le calcul et la politique recouvrent seulement la tendresse friable du cœur, où la méchanceté même est passionnée, au moment où les aspirations nées du premier sentiment de soi-même et du premier contact hostile avec le monde restent encore pénétrées par la naïveté fraîche de la jeunesse, par son ardeur désintéressée, par son enthousiasme devant la grandeur et la beauté.

*
** *

On pourrait appliquer cette analyse, sans rien modifier de ses lignes directrices, à la singulière héroïne du roman de *Lamiel*. Lamiel n'est autre chose que Julien Sorel en jupons. Une enfance méconnue, puis une vie dépendante au milieu de gens du monde qui raillent son patois et ses manières, mais subissent peu à peu son ascendant, telle est, au bref, l'histoire inachevée de Lamiel. L'éducation et l'épreuve ont avivé par la contrainte son énergie naturelle ; la contradiction, la réaction contre des milieux mesquins ou sordides ont nourri sa notion castillane de l'honneur ; les nécessités de la défense personnelle lui ont enseigné la politique et la manigance. Tous ces traits nous sont devenus familiers et peut-être est-ce dans *Lamiel* que Stendhal, amusé par ce déguisement imprévu, a reproduit le plus fidèlement les souvenirs de sa propre jeunesse. Deux sentiments dominent Lamiel, la peur d'être méprisée, la conviction que tout acte généreux est interprété faussement et finit par nuire : l'un procédant de l'infériorité de la condition et des obsessions de l'amour-propre ; l'autre de l'incompatibilité constatée avec les êtres ambiants, c'est-à-dire d'une misanthropie précoce qui généralise imprudemment les résultats d'expériences malheureuses. Pour le mépris, Lamiel prend les devants ; elle annule préalablement, par une condamnation systématique du monde, les jugements que redoute sa susceptibilité. Pour le surplus, elle applique à son tour la méthode de Julien Sorel et s'étudie à ne livrer à la société que ce qu'elle attend, ce que sa morale convenue est capable de comprendre. On ne fait pas d'objections aux règles du whist ; ayant éprouvé à ses dépens le coût de tout acte original ou spontané, Lamiel s'entraîne à jouer docilement les règles du jeu. Elle aussi fait donc l'hypocrite, si l'on doit taxer d'hypocrisie la réserve invincible de sa pensée ou de sa peine. Elle aussi, d'ailleurs, a trop de caprice ou de sincérité pour surveiller bien exactement sa mécanique. Le personnage n'est pas exécuté dans des couleurs aussi fraîches et aussi tendres que celui de Julien ; le portrait est à la fois plus romanesque et plus âpre. Chez Lamiel, la nature est impure, maligne ; le satanique médecin de campagne qui se plaît à la dépraver ne fait guère que cultiver une tendance originelle. On ne retrouve pas en elle les grands repos de Julien, ses effusions libératrices, ses moments d'admiration pure ou de haine sainte. Cette enfant farouche, qu'un bedeau de village a recueillie dans un hospice, que le hasard introduit au château ducal de Miossens et qui, après avoir enlevé le jeune duc, devait, dans le plan de Stendhal, finir en compagnie de voleurs de grande route, exhibe les caprices fantasques et les duretés gratuites d'une gitane de Mérimée. Pourtant, le caractère, dans son essence, ne diffère pas de celui de Julien, ce qui revient à dire que sa position vis-à-vis de la société est identique. *Lamiel* esquisse la revanche d'une fille du peuple, d'une enfant trouvée, sur un monde qui ne sait plus le prix de l'énergie, qui ne goûte que les poupées de salon et les conteurs badins d'anecdotes. Comme dans *le Rouge et le Noir*, cette revanche ne vise ni les honneurs, ni l'argent, ni les satisfactions d'ordre varié que l'action procure ; elle reste, si l'on peut dire, purement sensuelle ou sentimentale. Comme Julien, Lamiel n'est ambitieuse que par l'appétit d'émotions et par le cœur.

Il importait d'autant plus d'éclaircir cette confusion que, des personnages de Stendhal, elle s'est étendue à Stendhal lui-même. Une formule saisissante de M. Barrès a fait fortune : Stendhal professeur d'énergie. « Si les œuvres de Balzac et de Beyle, a-t-il dit plus explicitement dans un article sur *Lucien Leuwen*, sont de si excellents bréviaires où la jeunesse, depuis un quart de siècle, fortifie sa volonté, c'est qu'elles sont pleines de l'énergie que Bonaparte, pendant quatorze années, a dépensée avec le concours de tous les Français, sur le monde... » Le rapprochement avec Balzac suffirait seul à marquer la divergence de nos points de vue. Stendhal professe l'énergie, mais l'énergie dans l'émotion plutôt que dans l'action, et l'action elle-même n'est énergique à son gré que lorsqu'elle est désintéressée, lorsqu'elle traduit, sans nul espoir de récompense, une émotion pleine ou une passion forte. Le crime de l'ouvrier Lafargue, le coup de couteau d'un Transtévérin jaloux, l'acte quelconque où l'individu, mû par un sentiment irrésistible, expose gratuitement sa propre vie, contiennent selon lui l'énergie humaine à l'état pur. Un amoureux est plus énergique à ses yeux qu'un soldat, et l'idée qu'il se fait des passions italiennes a plus de part à sa théorie que les souvenirs napoléoniens. Nous voici reportés bien loin de Balzac, de la volonté telle qu'il la conçoit et l'applique, et qui n'est que la volonté d'acquérir ou de dominer. Stendhal ainsi n'enseigne pas l'activité publique, et le profit que l'individu en espère entache à ses yeux jusqu'au bénéfice que la société peut en tirer. Il prêche le bonheur solitaire et qui se suffit à lui-même ; il nous enseigne à sentir fortement, à pousser jusqu'à leur terme toutes nos virtualités de passion, à puiser dans la vie tout ce qu'elle contient pour nous d'émotions intenses, à nous aventurer sans peur dans cette région à demi sauvage qui s'étend au delà des sentiments tout faits et des plaisirs de convention. Une femme aimée d'amour, un paysage où l'âme s'exalte, une société où l'amour-propre, c'est-à-dire le sens intime de l'honneur, ne redoute aucune atteinte, voilà tout ce que ses héros souhaitent, et lui-même n'a rien désiré au delà. Une action d'éclat, un nom glorieux n'avaient pour lui d'autre sens que de ménager l'accueil plus souriant des femmes. Quand il écrit *le Rouge et le Noir*, recombinant sa vie après coup sur les données de l'expérience acquise, comme on refait une partie d'échecs, ou comme on gagne une bataille sur le papier, il prête à Julien encore plus de rêves de grandeur qu'il n'en avait lui-même conçu. Dans cette conception toute sentimentale de l'énergie, gardons-nous de voir l'effet d'une sagesse prudente, et que les leçons de l'expérience auraient lentement conduite à la modestie ; un tel idéal de vie est sans doute plus exigeant et plus difficile que celui de l'homme d'action.

Avouons, pourtant que parfois, autour de vingt ans, il a cherché le bonheur dans la volonté au sens balzacien du terme, c'est-à-dire dans l'activité extérieure et dans la gloire ; il a rêvé, par intervalles, la gloire du soldat, la gloire du poète, et même, car les souvenirs de la Révolution étaient proches, la gloire de l'homme public et du tribun. Mais ce qui semble élan d'ambition n'est jamais chez lui, à considérer les choses de plus près, que défaillance passagère. Quand Stendhal se propose l'action comme le but déterminé de sa vie, c'est qu'il est découragé d'aimer ou qu'il veut se consoler de l'amour. Il écrit à son ami Edouard Mounier : « Je vois qu'actuellement il n'y a plus que de grandes choses qui puissent me distraire de cet état affreux... L'amour, tel que je l'ai conçu, ne pouvant me rendre heureux, je commence depuis quelque temps à aimer la gloire... » Il se jugeait propre à l'action, et tout ce que nous savons de sa vie fait présumer qu'il ne se méprenait pas sur cette aptitude, mais, passé les premières incertitudes de la jeunesse, il s'en est détourné volontairement, ou, tout au moins, n'y est retourné qu'à contre-cœur et par nécessité matérielle. A vingt-cinq ans, il a déjà pris le ton mesuré du philosophe revenu de toutes ces trompeuses vanités. Sa règle de vie est modeste, son idéal casanier : gagner quinze mille francs de rente dans les affaires — et si l'on songe à Balzac, soit dit en passant, c'est devant l'optimisme et la chimère de ses combinaisons d'argent — prendre une maison sur le Boulevard, recevoir des femmes élégantes et les grands hommes du moment, c'est-à-dire Talma, Guérin ou Legouvé père. A la rigueur, gagner sa vie en écrivant, vivre content, comme l'a dit un poète, « du bien de la plume et du livre ». On pense au sage de La Bruyère, guéri de l'ambition par l'ambition même. Ce qui l'a guéri, c'est la conviction promptement acquise que l'ambition ne pouvait lui procurer d'un seul coup ce qui fait le prix unique de la vie, la pure joie du cœur, l'élan de la volupté contentée. Il aurait voulu, tout au moins, le coup de foudre du succès, la fortune et la gloire acquises d'emblée par la seule intensité du désir, la chance se donnant comme une amoureuse. Durant la période vive de la Révolution, c'est-à-dire pendant quatre ou cinq ans, on a vu de ces mariages passionnés avec l'action. Déjà, quand apparut Bonaparte, il fallait revenir aux lentes réussites où le génie et le courage ne suffisaient plus. Puis, à mesure qu'on avançait dans le siècle, tout est devenu plus régulier, plus médiocre, et c'est pourquoi sa répugnance pour les régimes qui ont succédé à l'Empire est allée croissant. Fût-il né quinze ans plus tôt, les grandes occasions se fussent-elles offertes, on ne sait trop s'il était homme à les saisir. Il lui manquait, comme lui-même en est convenu, « l'ambition perçante, celle qui réussit ». C'est semble-t-il, par manque de promptitude et de hardiesse qu'il a refusé les postes importants qui lui furent offerts à une ou deux reprises et dont le souvenir suffisait à le flatter. En tout cas, à l'heure où il entrait dans la vie, on avait déjà passé le moment des fortunes providentielles, de celles qui font atteindre un comble, du premier bond. Et quand il faut attendre, travailler sourdement, se plier aux préparations obscures et trop souvent dégradantes, ce n'est plus la joie.

Personne, en son temps, ne put entièrement se soustraire au mirage de l'ambition, mais il ne provoqua chez lui que des obsessions brèves et intermittentes. Mobile et dégoûté comme on le voit, tous les éléments essentiels faisaient défaut, la précision du but, l'appropriation des moyens, le consentement aux démarches nécessaires. Les caractères comme le sien, avidement tournés vers toutes les puissances de la vie, peuvent être tentés par l'action, par cette promesse de bonheur qu'elle contient pour les âmes jeunes. Mais ils exigent d'être transportés tout droit dans les zones supérieures de l'action, en brûlant les états intermédiaires. Etre un Bonaparte, être un Pitt, gouverner les hommes à peine sorti du collège, d'accord ; mais ne pas faire une cour trop laborieuse à la fortune ; ne pas s'astreindre aux petits emplois, aux intrigues suspectes, aux complaisances serviles. On atteint trop tard un succès dont la jouissance est épuisée ; ou bien, si l'on entend arriver plus vite, il faut couper par la traverse, emprunter les chemins suspects et boueux. L'ambitieux qui n'a reculé devant aucune bassesse et qui décroche le trophée de ses mains salies, oublie que l'estime de soi-même est le seul bien dont on ne puisse se passer. « J'ai renoncé à la gloire militaire, écrit Stendhal, parce qu'il faut trop se baisser pour arriver aux premiers postes et que ce n'est que là que les actions sont en vue. » Le grand vicaire de Frilair, du *Rouge et Noir,* a fait sa fortune auprès d'un prélat fort gourmand et fort myope en retirant les arêtes de son poisson, et le même office auprès d'un membre important de l'Académie des Sciences Morales conduira tout droit à l'Institut le jeune Ernest Déverloy de *Lucien Leuwen.* Les jeunes doctrinaires parisiens, les Henri Maurepin du temps, s'attachent invinciblement à quelque coterie, sans répugner à aucune forme de la bassesse et de l'ennui, et, quand cette coterie monte au pouvoir, toutes les bonnes choses de la société pleuvent sur eux. Il entre du dépit dans cette satire, ou plutôt de la désillusion, mais l'homme qui en a ramassé les traits n'était pas un ambitieux. Les âmes à l'espagnole ne savent pas faire les frais qu'il faut. Belliqueuses et militantes, elles ne combattent pas cependant avec toute arme, et préfèrent se retirer de la lutte quand le prix leur paraît mesquin ou vil. Elles tendent leurs filets trop haut, comme l'a répété cent fois Stendhal dans une formule qu'il prétend avoir empruntée à Thucydide; elles ne visent pas les petits objets et ne se plient pas aux petits moyens.

Le roman posthume publié sous le titre de *Lucien Leuwen* est, avec *le Rouge et le Noir*, le livre où Stendhal épanche le plus librement son dégoût pour les précautions, les intrigues, les bassesses qui, depuis l'avènement de l'Empire, étaient devenues, à son gré, le moyen nécessaire de parvenir. Dans ce livre, fort copieux, bien qu'inachevé, on trouve, bien entendu, le thème central que Stendhal varie sans cesse, c'est-à-dire la description d'un début dans le monde, l'histoire d'une sensibilité originale et par conséquent méconnue, les combinaisons politiques qui servent à neutraliser ou à vaincre l'antipathie. On y trouve encore un roman d'amour qui n'est guère qu'une réplique indistincte du *Rouge et Noir*, les deux types principaux de femme rappelant de fort près, bien qu'imparfaitement ébauchés, l'un madame de Rénal, l'autre Mathilde de la Môle. Mais l'intérêt capital du livre est que le héros, d'abord officier, puis secrétaire particulier d'un ministre, refait, à travers la vie active, la double étape de Stendhal. La confession est quelque peu poussée au noir, car le livre est écrit en 1834 et, de l'Empire à Louis-Philippe, la chute s'est accentuée sans cesse. La vie militaire est sans risque et sans gloire, la vie politique sans grandeur. Si l'armée fait campagne, c'est contre l'émeute, républicaine ou légitimiste ; si un ministre recourt à l'énergie d'un jeune homme, c'est pour une intrigue de police ou pour une combinaison électorale. Le régime « juste milieu » fournit une vue particulièrement mesquine et rétrécie de l'action. Pourtant, à toute époque, les nécessités de l'action furent identiques et tarèrent les hommes de même façon. Sous l'Empire, un officier gagnait sa croix en oubliant de chanter la *Marseillaise,* sous Charles X en faisant sa première communion. Les maréchaux de Napoléon ont rempli leurs poches ; Danton a volé ; les révolutions comme les royautés légitimes ont versé le sang pour leur salut. On doute déjà qu'à de grands objets communs la pitié, la probité stricte doivent être sacrifiées, et l'on se souvient de quel air Julien Sorel pose la question à Mathilde, au milieu du bal de Retz ; mais, quand il s'agit d'intérêts personnels et sordides, d'un grade, d'une croix, du pouvoir, un cœur sensible, un esprit honnête et qui tient à sa propre estime peuvent-ils s'attarder dans cette aventure ?

Dès le début de son expérience, Lucien Leuwen a prévu le dégoût qui doit l'envahir :

« J'ai horreur de la porte sous laquelle il faut passer, il y a sous cette porte trop de fumier. » Pourtant, comme il est jeune et qu'il voit le bonheur dans l'action, il se raidit contre cette appréhension salutaire. Quand il vêtira son premier uniforme, quand il partira pour sa première mission politique, nous le sentirons tout bouillant de zèle et d'ardeur. Mais l'épreuve confirme bientôt la défiance qu'il avait surmontée. Le souci de l'avancement, la crainte du pouvoir civil, la position fausse entre des partis et des sociétés hostiles, font du régiment un foyer d'intrigue et d'espionnage ; la vie de garnison, comme celle de Julien au séminaire, est semée d'embûches hypocrites, qu'il faut déjouer à son tour par une hypocrisie affectée. Au ministère, il faut servir un sot et supporter son emphase vide, en imposer aux inférieurs par un air guindé, apprendre à ses dépens que tout procédé délicat est pris pour de la faiblesse, se faire le complice de complots policiers ou de tripotages d'argent. En mission, il faut colporter des libelles infâmes, destituer de pauvres gens, prêter la main à la manœuvre qui ruinera un honnête homme, supporter l'insulte et le mépris. A ces vilaines besognes, on peut apporter de l'intelligence vraie et du courage, et c'est le cas de Lucien Leuwen. Mais l'intelligence effarouche les sots, qui sont la matière à pétrir : Lucien n'a prise sur eux que par hasard, quand un excès de fatigue ou d'inattention le réduit à la banalité convenable. Le courage offense les maîtres mesquins qu'on voulait servir. Aussi, la déception est double ; dans la vie active, les caractères d'une certaine sorte encourent à la fois la honte et l'échec. Ils ne parviennent ni à forcer la délicatesse de leur conscience, ni à se débarrasser de mérites nobles qui se retournent fatalement contre eux. La conclusion se tire d'elle-même : s'abstenir ou renoncer ; chercher ailleurs ce qui exalte l'âme, ce qui lui procure le sentiment parfait de son activité intime ; comprendre que la seule ambition légitime est celle du bonheur.

III

DESSIN THÉORIQUE DU BEYLISME

Pour peu que les développements qui précèdent aient rempli leur objet, ils auront permis de reconstituer l'origine des principaux personnages de Stendhal. Ils auront fait sentir que les héros de ses livres furent obtenus par une sorte de réfraction constante de sa personne à travers les données mobiles de l'imagination et du hasard. Ses livres ne sont qu'une suite de biographies à la fois fictives et réelles, une adaptation constamment renouvelée de ses souvenirs à ses rêves. Fidèlement penché sur sa jeunesse, c'est vers ce passé toujours vivant qu'il dirige sa rêverie, non vers un avenir qu'il attend avec une sorte de déception indifférente et résignée. « Le passé et le présent sont nos moyens, a dit Pascal ; le seul avenir est notre fin. Ainsi nous ne vivons jamais, mais nous espérons de vivre. » Il faudrait, pour Stendhal, renverser presque littéralement la formule. Le passé est son seul bien, et il se souvient d'avoir vécu plutôt qu'il ne vit. Mais le passé, autant que l'avenir, peut servir de jouet à nos fantaisies : quand nous construisons les romans du possible, nous pouvons les reporter vers la jeunesse aussi bien que les prolonger vers l'âge mûr, et ce n'est guère nous abuser davantage. Stendhal ne s'est jamais lassé de cet exercice, parce qu'aucun lien solide ne le liait au présent et que sa jeunesse préservée demeurait pour lui la seule réalité véritable. Tout lui est bon pour la reconstruire et la revivre. Mais pendant qu'il varie, sous l'impulsion de données fortuites, les milieux, les circonstances ou les temps, il ne se modifie jamais lui-même. L'imagination ne fournit que l'aventure ; c'est toujours la mémoire qui fournit le sentiment.

Ayant ainsi confronté le caractère et la vie de Stendhal avec les portraits romanesques qu'il nous a laissés de lui-même, il convient maintenant de ramasser dans une construction plus serrée les résultats de cette double épreuve. L'analyse nous a livré les éléments essentiels de ce qu'on a nommé, de ce qu'il a nommé lui-même, le beylisme. Il nous reste à les composer dans un système, à formuler avec une apparence de rigueur et d'ordre cette méthode pratique du bonheur.

La vie de Stendhal témoigne que sa méthode, appliquée à son propre usage ne lui procura que des résultats imparfaits. Tel est le cas habituel des théoriciens et des moralistes : leur vie explique leur doctrine, et souvent l'inspire, mais la vérifie rarement. Cependant Stendhal n'a jamais cessé de croire à l'efficacité pratique de la méthode, et cette disposition, qui paraît en lui fondamentale, s'est trouvée confirmée par l'influence toute-puissante que les logiciens du xviii° siècle, puis les idéologues de l'Empire, ont exercée sur son esprit. Dans ses premières admirations d'enfant, Montesquieu, Tracy et Helvétius figurent à côté de Shakespeare. Il tenait Helvétius pour « le plus grand philosophe qu'ait eu la France », et quand il rappelle cette opinion, vers 1820, il déclare la professer encore [1]. Il considère comme un des événements cardinaux de sa vie la connaissance de cette *Logique* de Condillac, dont M. Dupuy, son professeur de mathématiques à l'Ecole Centrale, lui disait : « Mon enfant, étudie-la bien ; c'est la base de tout... » Quant à Destutt de Tracy, dont il savait le livre par cœur, il ne put lui parler la première fois qu'il se vit en sa présence, tant l'admiration l'étouffait. La foi dans une théorie philosophique n'est le plus souvent, chez les hommes, qu'une illusion ou qu'une brève infatuation de jeunesse. Stendhal conserva, sa vie durant, cette ardeur de néophyte. Mérimée a noté que le seul mot de logique suffisait à lui emplir la bouche. « Il faut en tout se laisser guider par la *Lo-Gique*, disait-il, en mettant un intervalle entre la première syllabe et le reste du mot... »

Comme Helvétius et comme Condillac, il est empiriste, sensualiste et rationaliste ; comme

---

[1]. « Il a manqué à Helvétius, ajoute-t-il, que de vivre dans quelque solitude des Alpes, et de lancer de là son livre sur Paris sans y venir jamais lui-même. »

eux, il met la sensation à la base de toute connaissance ; comme eux, il forme l'idée de sensations contrôlées et généralisées ; comme eux, tout en limitant le rôle de la raison au classement logique de l'expérience, il croit à sa toute-puissance sur la nature. Il réduit ainsi l'univers à une sorte d'unité mécanique qui englobe les états de conscience aussi bien que les phénomènes extérieurs et qui soumet les problèmes du cœur aux règles ordinaires de la méthode expérimentale. Si l'on voulait rapporter les preuves de cette tendance logique et, somme toute, scientifique, c'est la moitié de son œuvre qu'il faudrait citer. Elle se marque jusque dans ses manies, dont la plus constante est peut-être celle de la définition et du catalogage : qu'est ce que le rire ? qu'est-ce que la vanité ? quels sont les dix plus grands génies de l'humanité ?... Elle se traduit, à l'extrême, par la conviction que la connaissance exacte des faits, l'application rigoureuse de procédés logiques peuvent mener à tout, même au bonheur, suppléer à tout, même au génie ; que le don de l'écrivain, par exemple, consiste en un certain nombre de recettes définissables ou assimilables, et que l'art n'est qu'un des aspects de la science universelle. Il écrit à sa sœur Pauline que l'éducation seule, c'est-à-dire une méthode exacte au service de la volonté, fait les grands hommes, que, par conséquent, on n'a qu'à le vouloir pour devenir grand génie. Il écrit à Edouard Mounier qu'il n'ose plus songer à la gloire littéraire, n'étant pas « assez savant ».

Ces textes remontent à sa jeunesse, mais Stendhal ne varia plus dans la foi systématique qu'ils traduisent et dont son grand-père Gagnon, médecin et encyclopédiste, fut sans doute l'initiateur.

Ainsi, le caractère immédiat du beylisme est la croyance à la généralité de la méthode, l'affirmation implicite qu'elle régit les états émotifs et les faits moraux comme les autres phénomènes de la nature, et, par suite, que la conquête du bonheur peut s'opérer suivant les mêmes règles que la recherche de la vérité. Mais ce premier principe, bien qu'incontestable, ne peut être conçu ni utilisé par le commun. Pour acquérir une connaissance impartiale de soi-même, pour adapter résolument sa conduite aux exigences particulières de sa nature, il faut justifier de dons plus rares : l'indépendance de l'esprit et la vigueur de la volonté. Le second caractère du beylisme est donc de s'appliquer exclusivement à une élite. Stendhal n'écrit et ne pense que pour « The happy few », pour le petit nombre de caractères originaux qui osent enfreindre « le grand principe du siècle : être comme un autre ». La masse moutonnière asservie à la grande loi des convenances, les âmes molles qui confondent le bonheur avec la tranquillité ou l'équilibre, n'ont qu'à se détourner au plus vite d'un enseignement qui n'est pas fait pour eux, et chaque page de Stendhal réitère cet avertissement au lecteur indigne. En dépit de toutes les différences, le beylisme repose sur une vue analogue à celle de Nietzsche. Certaines idées sont nourriture de maîtres et les autres pâture d'esclaves. Les maîtres sont ceux qui osent demeurer eux-mêmes, qui ne se plient ni ne se modèlent, qui préservent contre toute usure et tout mélange la vigueur primesautière de leurs instincts.

Mais Nietzsche, qui place son surhomme, tantôt dans l'action héroïque, tantôt dans la vie cénobitique du penseur, a pu concevoir idéalement sa victoire. Stendhal au contraire affronte son élite avec la réalité immédiate ; il l'engage dans la vie de société, dans cette suite d'échange et de rapports menus que le monde impose, c'est-à-dire qu'au lieu d'imaginer, comme Nietzsche, une élite triomphante, il raisonne sur une élite vexée et presque persécutée. Le monde n'admet pas les différences ; l'originalité l'offense comme une rébellion, et, s'il ne parvient pas à l'annuler, il la châtie. Au surplus, les conditions de la vie mondaine se prêtent mal à l'éclosion de caractères singuliers. Les jeunes gens qu'a dressés le monde peuvent s'habiller avec tact, débiter finement une anecdote, entrer dans un café de bonne grâce, mais toute idée qui n'est pas reçue, c'est-à-dire rebattue, leur paraît une inconvenance, et tout sentiment énergique un manque de goût. Le petit nombre de belles âmes à qui s'adresse le beylisme se seront donc formées, selon toute vraisemblance, en dehors des cercles élégants où nous les supposons introduits par le hasard, et ainsi leur singularité doit offusquer doublement, puisqu'elle sera celle d'inférieurs et d'intrus. Lucien Leuwen, qui est le fils d'un banquier, déconcerte déjà la Chaussée d'Antin, comme Octave qui est le fils unique du comte de Malivert, étonne le faubourg Saint-Germain. Leur mérite n'étant pas taillé sur les modèles connus, on le conteste, et l'on s'en moque. Que sera-ce pour un Julien Sorel, fils de charpentier, qui représente le cas commun ? Il est donc logique que les efforts préalables de la méthode tendent à formuler une sorte de tactique défensive. Avant de commencer sa « chasse au bonheur », l'élite devra se défendre contre le monde, c'est-à-dire garantir sa personnalité contre l'usure des frottements, protéger sa sensibilité contre la blessure des contacts, préserver son orgueil contre l'humiliation de la souffrance avouée.

A cet effet, la règle initiale est de pratiquer une méfiance générale et de faire table rase par un doute universel. Il faut récuser toute autorité, croire uniquement à ce que l'on aura pu contrôler soi-même, supposer toujours que l'ami qu'on écoute a intérêt à vous tromper, que l'auteur qu'on lit est un courtisan payé pour débiter des mensonges. L'homme d'élite qui vit dans le monde, y est enserré par les intrigues hostiles et les idées fausses ; il doit déjouer les unes, écarter les autres par un scepticisme continu dont il se gardera bien de faire étalage : « Il faut être défiant, le commun des hommes le mérite, mais bien se garder de laisser apercevoir sa défiance... » Une erreur néfaste, la première où tombent les cœurs généreux, est de juger les autres d'après soi-même et de reporter leurs actes aux mobiles qui détermineraient les nôtres. La méthode pourra nous défendre contre ces faux jugements, source de déceptions inévitables. Chaque individu doit être envisagé comme une réalité distincte, et expliqué par l'ensemble des faits qui s'organisent autour de lui. Le fait, le fait certain et nu, est l'élément unique de la connaissance du monde. « Donne-moi beaucoup, beaucoup de faits, écrit déjà le jeune Stendhal à sa sœur Pauline. » Comme l'expérimentation du savant, l'observation que l'on pratique sur les hommes doit être exempte de toute prévention sentimentale ou morale. Il faut voir clair, écarter les apparences fallacieuses ; « le faux est en tout l'obstacle au bonheur... » Mais il faut se garder, dans cette bataille, de rendre au monde l'avantage qu'on prend sur lui. Ces mêmes voiles que nous écartons d'autrui doivent rester serrés autour de notre secret intime. Les nécessités protectrices qui imposaient la défiance dictent également la dissimulation. Quand on écrit à cœur ouvert, on est guetté par la police ; quand on agit ou quand on pense, on est guetté par l'opinion. Il faut donc tromper le monde comme on dépiste les espions, et de même qu'on multiplie, dans ses papiers secrets, les pseudonymes, les mots à clef et les contradictions volontaires, dérober ses actes sous une apparente soumission aux lois sociales, ses émotions sous un air impassible et « à mille lieues de la sensation présente ». Nous l'avons dit : pour l'homme d'élite opprimé ou menacé par une société hostile, l'hypocrisie est l'unique moyen d'assurer son indépendance. Soustrayons au monde notre originalité, nos différences ; consentons-lui les concessions qu'il exige ; puis, à l'abri de ces grimaces et la paix une fois assurée, vivons secrètement, à notre gré et selon notre loi.

Le document qui expose le plus crûment cette politique est sans doute l'étonnante lettre à Pauline du 25 novembre 1807 [1]. On serait tenté de comparer ce petit manuel pratique du machiavélisme à la lettre fameuse de la marquise de Merteuil, dans les *Liaisons Dangereuses,* si l'on ne sentait, dès les premiers mots, combien de souffrances ont payé cette sagesse. Stendhal conseille à sa sœur d'épouser sans amour un homme riche, par la raison principale que l'opinion réprouve les inconséquences d'une jeune fille et tolère chez les jeunes femmes toutes les libertés. De quoi s'agit-il en fin de compte ? d'avoir les coudées franches dans sa chasse au bonheur. Que Pauline acquière son indépendance en accordant au monde ce qu'il réclame, après quoi elle construira son bonheur à sa façon. Les belles âmes s'imaginent qu'elles trouveront partout la bienvenue et la liberté, mais ce sont les livres, « these damned books », qui alimentent leurs illusions périlleuses. Si

---

[1]. On peut se reporter également à la lettre du 25 août 1805, publiée pour la première fois par M. Paupe d'après les autographes Chéramy.

elles ne savent s'affranchir par la ruse, elles s'exposent à la cruauté, au mépris, ou, ce qui est pis encore, à la fausse pitié : « Il y a deux ans, lorsqu'on ne me donnait que des conseils pareils à ceux que je voudrais te voir suivre, je me disais en moi-même « Ame froide ! » et je me gardais d'en croire un mot ; mais beaucoup de malheurs m'ont enfin ouvert les yeux. Je me suis décidé à regarder autour de moi, à m'assurer des faits que l'on me contait, à n'établir mon opinion que sur ceux qui étaient positifs. »

Le personnage du comte Mosca, dans *la Chartreuse*, n'est guère que la mise en action de ces règles de conduite. Leur valeur, suivant Stendhal, doit être tenue pour générale, et qui les observe avec rigueur préservera tout à la fois la liberté de sa conduite et l'intégrité de son caractère. Mais il va de soi que les détails d'application dépendront des natures individuelles. En dépit de traits communs, l'élite comprend un nombre infini de variétés distinctes ; il appartient à chacun de déterminer précisément ses points sensibles, les penchants ou les faiblesses qui l'exposent le plus dangereusement au monde, puis, une fois reconnus, de les corriger, de les aguerrir. Pour Stendhal, par exemple, le point faible est l'amour-propre, la peur du ridicule, le sentiment perpétuel d'être observé. Cette préoccupation chez lui est si constante qu'il la conserve même, comme l'a observé M. Faguet, vis-à-vis de son lecteur, d'où le dialogue incessant avec ce lecteur évoqué et les précautions continuelles : « Je saute ici vingt pages... Tout ce développement est cruellement ennuyeux, etc., etc... » Mais l'observation intérieure, pratiquée avec la même rigueur que l'examen du médecin sur un malade, a permis d'établir un diagnostic certain. Stendhal connaît le mal ; il en a déterminé la cause qui n'est pas l'outrecuidance ou l'insociabilité naturelle, mais une hypertrophie de la sensibilité. Mozart, enfant prodige, convié pour un concert chez les jeunes archiduchesses, leur demandait, avant de s'asseoir au clavecin : « M'aimez-vous ? » Stendhal sait bien que, même vis-à-vis d'indifférents, toute sa personne interroge : comment me trouvez-vous ? est-ce que je vous plais ?... et qu'il épiera douloureusement la réponse dans tous les regards. Il a suivi les effets funestes de cette disposition ; il a vérifié qu'elle l'exposait à d'incessantes piqûres, et, par surcroît, qu'elle paralysait ses moyens, puisqu'elle « chasse presque en entier le naturel ». L'effort et le contrôle intérieur doivent donc s'employer à la combattre : « Nécessité d'arracher de mon cœur la vanité, c'est la grande porte du malheur. » La méthode qui a permis de localiser et d'expliquer le mal fournira le remède possible : s'adresser à l'amour-propre, le convaincre qu'il entend mal son intérêt, que ce souci de l'opinion accorde trop d'importance au commun, aux sots qu'on méprise, qu'il faut se placer au-dessus d'eux sous peine « d'impertinence envers soi-même ». Quand on a pénétré clairement son vice ou sa faiblesse, une formule touchant au vif, un raisonnement approprié de bien près à la partie de l'âme intéressée, peuvent suffire à la guérison. Si la tentative échoue, comme il s'agit avant tout de « ne pas avouer soi inférieur », on aura recours à la politique pour dissimuler son mal et sa souffrance. C'est ainsi que Stendhal dissimulera jusqu'au bout une susceptibilité, une émotivité qui s'étaient vérifiées incurables : « J'ai appris à cacher tout cela sous de l'ironie imperceptible — il veut dire impénétrable — au vulgaire. »

L'observation et l'expérimentation intimes fournissent ainsi le moyen de limiter les réactions du dehors sur notre sensibilité et les effets de nos faiblesses naturelles. En appliquant les mêmes procédés, la volonté réfléchie pourra combiner efficacement des exercices contre la mélancolie, par exemple, ou contre l'ennui. Mais la méthode n'est pas seulement critique ou défensive ; elle affecte un caractère positif et acquisitif. Elle permet de diriger toutes nos actions vers leur but véritable, qui est le bonheur. Avec Helvétius, La Rochefoucauld ou Bentham, Stendhal professe que notre intérêt égoïste, c'est-à-dire notre notion particulière du bonheur, est le mobile unique de nos déterminations, et l'utilité au bonheur, la raison unique de décider entre les actes. Le bonheur à ses yeux n'est pas une conception chimérique ou une notion idéale, mais bien un objet tangible et qu'il nous appartient d'atteindre. Notre instinct nous y mène : il suffit de l'éclairer par la raison, de l'appuyer par la volonté. La méthode nous enseignera cette clairvoyance impartiale qui permet d'apprécier en nous les forces contraires et de dresser le plan de bataille ; elle nous persuadera que l'énergie du caractère doit servir les besoins propres de notre bonheur, et non s'employer au profit de conceptions communes et toutes faites. Quand on a pris clairement conscience des exigences essentielles de sa nature, quand on a concentré vers ce but toute sa volonté agissante, quand on a rejeté résolument les faux principes de la morale courante ou de la religion, les fausses promesses de la société, le bonheur peut s'obtenir logiquement, par stades nécessaires, comme une démonstration mathématique. Dans cette démarche, on se heurtera à l'éternel ennemi : le monde, mais on sait le moyen de le combattre, c'est-à-dire de le tromper. Dès qu'une tactique appropriée nous a débarrassé de son emprise, le bonheur ne tient plus qu'à notre lucidité et à notre courage : il faut voir clair, et il faut oser.

*
**

Dans cette construction quelque peu systématisée, mais exacte en son ensemble, et dont la *Correspondance* ou les journaux intimes ont fourni tous les éléments, c'est l'héritier du xviii° siècle que l'on retrouve, l'élève, non pas de Voltaire, que Stendhal connut de bonne heure et n'aima jamais, mais des logiciens et des encyclopédistes. Stendhal tient d'eux la conception d'une vie soumise à l'attention critique et à la règle, dont tous les actes logiquement enchaînés s'acheminent vers un but concret et tangible, sont gouvernés par une idée purement humaine. Mais les penseurs et les romanciers du xviii° siècle étaient fort conséquents avec eux-mêmes quand ils formulaient cette mathématique de l'action. La fin dernière des actions humaines étant, suivant eux, l'intérêt purement matériel ou la jouissance purement sensuelle, leur méthode s'accordait exactement avec leur morale et l'on conçoit qu'un code défini, un ensemble bien rigoureux de recettes pratiques puisse se rédiger à l'usage de l'ambitieux, du voluptueux ou du libertin. L'originalité foncière du beylisme est de diriger cette stratégie vers un objet entièrement nouveau : le bonheur ; c'est de proposer à des âmes passionnées une logique qui ne fut conçue que pour des cœurs secs et des ambitions positives. Une mécanique du bonheur et non du plaisir, dans cette formule tient la nouveauté profonde. Stendhal part de Condillac et d'Helvétius, des philosophies qui expliquent toute connaissance par les sens et réduisent toute réalité à la matière ; mais il les couronne par une conception du bonheur où nul élément sensuel et matériel n'entre plus. Le bonheur, tel que Stendhal l'entend, dépasse de beaucoup la secousse heureuse des sens ; il intéresse les énergies profondes de l'âme ; il implique un élan, un risque, un don où la personne entière s'engage. Il est indépendant de l'action et n'a rien de commun avec la fortune et le succès. Aucune combinaison externe ne le procure, puisqu'il n'est pas la satisfaction d'un désir. Il est un épanouissement, un moment d'oubli total et de conscience parfaite, une extase spirituelle où toute la médiocrité du réel s'abolit. Les états intenses de l'amour, la jouissance que procure l'œuvre d'art peuvent en fournir une idée ; ce qui n'est pas cela n'est rien et mérite à peine le nom du plaisir. Le beylisme n'est pas fait pour ces bons vivants au rabais qui recherchent le plaisir dans une pure flatterie des sens, mais pour les âmes exigeantes qui réclament la satisfaction combinée du jugement, de l'imagination et de la volonté. Dans un article publié au lendemain de la mort de Stendhal [1], un critique oublié, Auguste Bussière, signalait déjà avec la clairvoyance la plus frappante ce trait significatif de la doctrine : pour Stendhal, disait-il, les grands plaisirs viennent du cœur.

Tout jeune, au temps de sa première admiration pour Helvétius, il avait déjà pressenti le vice de son système : « Helvétius a peint vrai pour les cœurs froids et très faux pour les âmes ardentes. » Or, l'ardeur des passions est la condition rigoureuse du bonheur et forme le vrai mode de distinction entre les hommes. Plus tard, repassant dans sa mémoire ses débuts parisiens, recherchant quelle influence bienfaisante l'avait préservé de la mes-

---

1. Cet article a paru dans la *Revue des Deux Mondes* du 15 janvier 1843.

quinerie du milieu ou « du mauvais goût d'aimer Delille », nous l'entendrons se répondre à lui-même : « C'est cette doctrine intérieure, fondée sur le vrai plaisir, plaisir profond, réfléchi, allant jusqu'au bonheur, que m'avaient donné Shakespeare et Corneille... » Quant aux voies qui l'avaient conduit à cette notion du bonheur, nous les avons, au point où nous sommes, parcourues déjà plus d'une fois. L'imagination, gonflée par les lectures, a conçu la vie comme un beau livre, entretenu l'âme crédule de promesses enchantées, paré la réalité de toute l'invention chimérique des poètes. L'habitude romanesque fut fortifiée par l'espagnolisme, c'est-à-dire par ce sentiment altier de la dignité intérieure qui écarte les récompenses mesquines et ne veut pour l'âme que de grands objets. Mieux vaut s'abstenir ou renoncer que de lutter pour les satisfactions vulgaires. « J'aime les braves, dira Zarathustra, mais souvent il y a plus de bravoure à s'abstenir et à passer, afin de se réserver pour un ennemi plus digne. » Enfin, dans cette conception à la fois poétique et méprisante du bonheur, il entre aussi du dépit, de la rancune. Stendhal eût sans doute attaché plus de prix à cette menue monnaie dont le commun des hommes se contente, à « ces plaisirs légers qui font aimer la vie », ou qui aident tout au moins à la supporter, si le destin l'avait plus libéralement admis au partage. Dans sa jeunesse sevrée, dans sa maturité solitaire, il s'est instruit à rebuter tout ce dont la malignité du monde le frustrait. Les raisins étaient trop verts : il a dédaigné de plus haut ces satisfactions médiocres à mesure qu'elles se dérobaient devant lui. Plus tard, beaucoup plus tard, quand il fut devenu l'homme d'esprit à tempes grises dont on répétait les mots, il accueillit avec une indulgence plus douce les petits profits du monde : une conversation « à perte de vue », l'anecdotage, la société de femmes sans bégueulerie avec un punch léger vers minuit. Ce qu'il y a de naturellement ouvert et liant dans sa personne adhère sans trop de peine à ces plaisirs presque mondains. En dépit de ces infractions tardives, la construction reste pourtant intacte, telle que l'avaient élevée les premiers élans de l'imagination et les efforts contractés de l'orgueil. Le bonheur seul peut payer la vie ; les émotions intenses qu'on voudrait payer de sa vie font seules le bonheur.

C'est encore du xviii° siècle que procède cette éthique passionnée. Mais ce n'est plus aux logiciens et aux matérialistes, qu'elle rattache Stendhal, c'est à l'homme qui fut leur ennemi le plus déclaré, à Rousseau. Il n'y avait pas en France d'âmes ardentes avant « l'immortel Jean-Jacques » et la Révolution. Jean-Jacques fut notre professeur de passion, d'enthousiasme, et Stendhal ne fait que retrouver sa leçon. Il mêle ainsi, dans son œuvre et dans sa méthode, les deux courants opposés du siècle, celui que le romantisme a refréné, celui que le romantisme a prolongé et étendu. Entre ces deux tendances, le mécanisme à l'imitation d'Helvétius et l'individualisme romantique à la manière de Rousseau, la contradiction est cependant manifeste. La précision scientifique de l'observation, la rigueur logique de la conduite peuvent ouvrir des avenues vers le plaisir ou le succès, non vers un bonheur ainsi entendu. Que le beylisme fournisse une méthode efficace quand il s'agit de l'aguerrissement contre le monde, de la protection de la sensibilité ou de l'amour-propre, d'accord ; qu'on y puisse même trouver ce que Stendhal aurait refusé d'y voir, un manuel pratique de la réussite, une préparation aux moyens de parvenir, passe encore. Mais quel enchaînement méthodique pourrait nous conduire vers un bonheur qui est un don, une grâce, quelque chose comme un spasme extrême de la tendresse ou du rêve ? Quel rapport entre les démarches concertées de l'esprit ou de la volonté, et cette extase poétique et presque mystique du cœur ? On peut provoquer et cultiver le plaisir, en parcourir les degrés, en jouer comme un instrument sensible ; mais nul effort de volonté ne crée le bonheur, et nulle opération de l'esprit ne le décompose. L'émotion ou la passion correspondent, dans l'être humain, au travail le plus spontané, le moins saisissable, et, bien loin que la méthode logique puisse déterminer ou suivre ce travail mystérieux, elle le rendrait impossible à jamais dans l'âme qu'elle occuperait tout entière. Les deux tendances que Stendhal s'efforce de combiner se placent, en réalité, aux pôles opposés de l'action et de la pensée, et quand on énonce cette simple formule : méthode du bonheur, mécanique du bonheur, la contradiction descend jusque dans les mots.

Cette contradiction gît toutefois au cœur même du beylisme ; bien mieux elle en est l'essence, et, en la faisant apparaître, nous croyons toucher et désigner le secret même de Stendhal. On sent persister en lui ce mélange juvénile de forces que la vie, à l'ordinaire, dissocie avant qu'elles soient employées : les premières présomptions de l'intelligence qui entend tout se soumettre ; les premières ambitions du cœur qui espère tout épuiser. La coexistence des éléments réfractaires survit chez lui, par le miracle qui lui est propre, au bouillonnement des années d'apprentissage. L'exigence méthodique ne tarit pas la passion ; la passion n'amortit pas, ne décourage pas la foi intellectuelle. Par l'effet d'une double influence et d'une double révolte, on peut suivre jusqu'au bout dans son œuvre la combinaison d'un cœur et d'un esprit qui se contredisent, d'une intelligence qui croit à la nécessité de l'ordre et à l'efficacité de la logique, qui impose à tout objet l'explication rationnelle et la vérification empirique, d'une sensibilité qui ne quête et ne prise que l'exaltation désintéressée, le mouvement libre, l'émotion inexplicable. Que cette opposition fondamentale compromette la solidité de sa doctrine, il se peut bien ; mais c'est l'artiste, non le philosophe que nous cherchons en Stendhal, et l'œuvre d'art, bien mieux que la dialectique, peut concilier les contradictions. Ce qu'il y a d'unique et d'inexprimable dans son charme tient à ce vice bienheureux. Comme ces jeunes visages dont la vie, si l'on peut dire, n'a pas encore spécialisé l'attrait, il contient en lui tous les éveils, toutes les promesses ; il excite du même coup chez le lecteur des forces de curiosité et de sympathie qu'aucun autre écrivain n'est parvenu peut-être à concentrer. Il éveille tout, flatte tout, et, par un charme dernier, sans jamais rien satisfaire. La contradiction, qui subsiste reporte à un au-delà le contentement parfait, et son œuvre, ainsi, se couronne par le prestige poétique de l'inachèvement et du recul.

***

Cette même antinomie doit fournir la clé des personnages de Stendhal s'il est vrai, comme nous avons voulu l'établir, que le créateur se soit incessamment reproduit dans ses créatures, et ainsi s'explique en effet que leur politique soit appropriée aux besoins d'une sensibilité sans mesure, que les poussées intérieures de la passion soulèvent, à tous les moments intenses de leur histoire, une surface unie de raison, qu'on n'aperçoive dans leur conduite ni de calcul sans imprudence, ni d'enthousiasme sans calcul. Elle doit fournir la clé de ses jugements s'il est vrai, comme nous le croyons, que ses jugements en toute matière soient exclusivement tirés de son expérience intime, et ainsi s'explique qu'il ait juxtaposé sur tous les sujets importants deux opinions différentes, dont l'une traduit la conviction de l'intelligence, tandis que l'autre exprime les besoins contraires de la sensibilité. L'intelligence, empiriste et positive, professe la philosophie de l'utile, la religion du fait. Le personnage d'Olivier dans *Armance* est particulièrement significatif à cet égard, et, sous les espèces d'Olivier et de Lucien Leuwen, Stendhal paraît même, par instants, rejoindre le saint-simonisme. La sensibilité, par contre, répugne aux satisfactions matérielles dont la plupart des hommes se contentent et se leurrent, à ces petits intérêts qui détournent de la vie véritable. Dans son dégoût pour ce qui rend du revenu, pour les belles pièces de terre bien cultivées, pour cette activité positive qui fait le caractère suisse ou yankee, elle se reporte, avec une nuance de regret, vers l'ancienne société de cour telle que la peignent Duclos et Lauzun, et dont l'insouciance désinvolte est une élégance. En politique, toutes ces convictons réfléchies entraînent Stendhal vers la démocratie. Il a retenu tout à à la fois les leçons de Montesquieu et de Rousseau. Il tient ferme pour les deux Chambres, et l'on se souvient que Julien Sorel, au séminaire, s'expose aux pires représailles pour lire le *Constitutionnel*, qui était la feuille libérale du temps. Mais, tandis que la raison reconnaît la démocratie pour le meilleur des gouvernements et proteste contre toute distinction sociale entre les hommes, le cœur et les nerfs exigent des sensations parfaitement harmonieuses que le contact d'une élite peut seul procurer.

« J'avais et j'ai encore les goûts les plus aristocratiques. Je ferais tout pour le bonheur du peuple, mais j'aimerais mieux, je crois, passer quinze jours de chaque mois en prison que de vivre avec les habitants des boutiques. » Même contradiction dans son esthétique : il tient, nous l'avons vu, les procédés de l'artiste pour une technique définie et certaine, c'est-à-dire pour une science ; il considère l'œuvre d'art comme un phénomène déterminé, que régit l'action des lois naturelles, des conditions historiques, des tempéraments physiques, et cette vue fait la grande nouveauté de son *Histoire de la peinture en Italie* ; mais, en même temps, l'inspiration créatrice et l'extase de la contemplation devant le Beau lui apparaissent comme la réalisation d'un mystère, comme une pure émanation de la vie profonde, comme une sorte de révélation ineffable qui sourd des plus secrètes régions du cœur. Même pour imiter les objets les plus froids, il faut que le peintre ait une « âme ». La beauté est ce qui parle à l'âme, ce qui la jette dans la rêverie, ce qui la transporte « dans ces lointains si nobles » où elle croit trouver le bonheur que la réalité lui dispute, et, si la notion du beau varie dans l'histoire, c'est que toutes les générations d'hommes ne se sont pas accordées sur la notion du bonheur. Stendhal dira tour à tour, ou tout à la fois, que l'œuvre d'art est un produit quasi nécessaire, et que l'expression, c'est-à-dire la vie spirituelle, est tout l'art.

Même contradiction dans sa manière d'écrivain, purement logique quand il s'agit d'expliquer les sentiments et les êtres, purement poétique quand il s'agit de les exprimer. C'est pourquoi, lorsqu'on désigne Stendhal comme un analyste, quand on voit dans l'esprit d'analyse sa faculté maîtresse au sens que Taine attachait à ce terme, le jugement n'est pas inexact ; il est partiel, incomplet, et ne rend compte que d'une des faces de son génie. Sans doute, la matière de ses livres est intégralement fournie par l'observation ou l'expérimentation intérieures, et il conçoit ce double travail à la manière du savant qui isole le phénomène entrepris, essaie de l'obtenir à l'état pur, puis en étudie les variations sous des réactions diverses. Il veut voir le cœur tel qu'il est, en écartant toutes les causes d'erreur ou d'illusion. Comme il croit à l'enchaînement mécanique des états de conscience, comme il admet que les sentiments, aussi bien que les autres phénomènes de la nature, ont chacun sa raison suffisante, il s'étudie à les disposer dans leur ordre nécessaire. Aussi les émotions et les actes de ses personnages sont-ils toujours justifiés par leur mobile, et, comme l'a montré M. Bourget, c'est à ses personnages eux-mêmes qu'il remet le soin de cette justification. Les héros de Stendhal soliloquent. Notons en passant que, s'ils soutiennent avec eux-mêmes cette perpétuelle discussion, ce n'est pas qu'ils soient affligés de la « manie de la dissection intime », ce n'est pas que Stendhal ait fait d'eux « des ergoteurs, scrutant leur existence morale dans leur plus intime arcane, et réfléchissant sur eux-mêmes avec la lucidité d'un Maine de Biran ou d'un Jouffroy ». Par une vue géniale, qui fait toute la fierté de ses héros et qui place l'analyse stendhalienne si fort au-dessus des psychologies communes, Stendhal, en effet, a conçu la curiosité critique et la clairvoyance de soi-même comme une dépendance du scrupule intime, du sentiment de l'honneur. Si ses personnages s'examinent, ce n'est pas pour se connaître, mais pour se contrôler, pour s'assurer, à chaque tournant critique de leur vie, qu'ils n'ont pas démérité de leur propre estime. Les cas de conscience qu'ils se posent sont pathétiques, puisque leur dignité ou leur bonheur même en dépendent, et s'ils se dissèquent, ce n'est pas par attention pédantesque ou manie morbide, mais par une sorte de nécessité vitale. Mais, dans ce travail même, Stendhal laisse des failles volontaires que Zola relevait avec une rare perspicacité : ces « sautes d'analyse », ces « danses du personnage » qui correspondent à l'intuition soudaine, à la brusque secousse de l'imprévu. Et surtout — là est le point essentiel — il n'a jamais admis qu'en ordonnant par voie déductive les éléments d'un caractère ou les mobiles d'un acte, le romancier eût épuisé toute sa tâche.

L'exécution d'un roman psychologique comporte un premier travail, auquel le nom d'analyse peut convenir, et qui consiste à rassembler, par l'observation et la réflexion, un certain nombre de faits et d'idées, à en déterminer les liaisons et les rapports, à établir en un mot, entre les mobiles et les sentiments des personnages, la même suite vraisemblable qu'un dramaturge cherche à obtenir entre les événements qu'il dispose. Cette opération préparatoire n'exige, à la rigueur, aucun don proprement littéraire, et ne suppose pas d'autres facultés que celles qu'exercent couramment, pour la pratique de leur métier, un philosophe, un médecin, un homme politique ou même un homme d'affaires. Où, le talent et l'art interviennent, c'est dans l'emploi, dans l'animation des matériaux psychologiques ainsi rassemblés, et la marque même du talent, la condition même de l'art, est que l'opération préalable s'absorbe dans son résultat. Il s'agit, non plus d'expliquer une émotion, mais d'en communiquer la qualité et la force, non plus de cataloguer les mobiles d'un acte, mais d'en faire saillir le sens humain ou l'accent dramatique, non plus de dénombrer les éléments d'un caractère, mais d'en faire sentir la vie propre, l'individualité spéciale. L'analyse échoue à cette tâche, puisque analyser revient fatalement à généraliser, à dégager les principes communs de réalités distinctes. La synthèse évocatrice, dont la poésie est le mode le plus parfait, peut seule nous faire entrer en communication avec l'émotion pure, avec l'être vrai, avec les points centraux de la vie. Avec cette synthèse, l'art commence, et Stendhal, en même temps qu'un analyste et un logicien, est un artiste.

Aussi ne s'est-il tenu à la méthode analytique

que dans des nouvelles composées pour une fin démonstrative, comme celle qu'il a placée à la fin du livre *De l'Amour*. Son but étant de prouver une théorie par un exemple, de suivre dans un sens tracé d'avance la marche d'un sentiment, il le suit en effet, étape par étape, avec éclaircissement et justification de l'itinéraire, le tout prodigieusement prévu et d'une mortelle aridité. A cette exception près, on le sent, sitôt sa préparation terminée, à la recherche de l'acte pleinement significatif où le tréfonds du caractère apparaît, du détail de sensation qui livre la particularité d'un être, du fait aigu ou du mot inspiré qui met au jour les états vierges de l'âme. Bien loin qu'il s'en fie à des agencements de causes et de forces pour exprimer l'émotion, il nous confiera son ennui que le langage commun soit impuissant à la traduire et qu'on ne puisse couler cette essence de vie dans la forme trop rigide des mots. Pour établir le contact entre son personnage et la vie, puis entre son personnage et le lecteur, il opère par secousses, par suggestions rapides et répétées. Nul commentaire, nulle explication, mais au contraire des prises imprévues, des piqûres soudaines qui cherchent et trouvent les régions vides de la sensibilité. Taine, qui fut le maître de l'analyse moderne, a senti mieux que personne le caractère purement émotif de cette manière. Il ajoute même que ce mérite produit de l'obscurité. « Le lecteur, dit-il, doit savoir sans qu'on les lui explique, les liaisons et contre-coups de sentiments si délicats, si forts,

dans des caractères si originaux et si grands. »
Il dit ailleurs, admirablement, en associant
Stendhal à Goethe, à Byron, à Musset : « Chaque mot est comme un coup dans le cœur. Ce
qu'il y a de brusque, de déchirant, de mobile
dans les passions, tout le trouble, toute la folie, toutes les singularités, toutes les profondeurs des émotions humaines, je les ressens
alors, non pas après une étude, par réflexion,
comme lorsque je lis les autres, mais d'abord et
malgré moi. » C'est grâce à cette recherche de
la vie substantielle, par cet appel à la sympathie passionnée du lecteur, à sa tendresse évocatrice, que Julien Sorel et Fabrice del Dongo
ont pu être chéris ou haïs comme des personnes
naturelles. Seule, l'émotion de l'art crée ces
miracles. D'ailleurs, Stendhal lui-même, conscient de sa double nature, n'a-t-il pas éprouvé
souvent que les crues invincibles de sa sensibilité emportaient la belle ordonnance de sa
logique ? Quand il s'imposait de relire chaque
matin le Code civil, était-ce autre chose qu'une
défense de l'élève de Condillac contre cet excès
d'attendrissement à la Rousseau où il se sentait
spontanément entraîné : « Je fais tous les
efforts possibles pour être sec. Je veux imposer
silence à mon cœur qui croit avoir beaucoup à
dire. Je tremble toujours de n'avoir écrit qu'un
soupir quand je crois avoir noté une vérité. »
Le logicien se méfiait ainsi du poète, et le poète,
en retour, dans ses moments de plein abandon,
se méfiait de la logique et de l'analyse. « On
gâte des sentiments si tendres à les raconter

en détail... » C'est la phrase interrompue qui termine *Henri Brulard* et sur laquelle on ne peut plus que rêver.

*
* *

Ainsi, chaque coupe que l'on opère à travers l'œuvre ou la pensée de Stendhal révèle la présence simultanée, dans le même rapport et sur le même plan, des éléments antinomiques. Mais ce caractère double ou biface de sa nature n'apparaît nulle part plus nettement que dans sa conception de l'amour. Stendhal est peut-être le premier écrivain qui, au lieu de formuler des remarques sur l'amour, d'énoncer des sentences discontinues à la façon de La Bruyère et de Chamfort, ait assemblé ses observations en une théorie. Le premier, il a prétendu enfermer l'amour dans un système clos et certain. Les états amoureux, participant du mécanisme universel, tombent selon lui sous l'application de la méthode ; ils sont objet de connaissance certaine ; on peut les peser comme des minéraux, les analyser comme des composés chimiques. En même temps, l'amour véritable, le seul qui compte et vaille à ses yeux, est l'amour-passion, l'amour total, absolu, celui qui occupe les forces entières de l'être et fait tomber, par son seul contact, les défenses ridicules de la morale ou de la raison. La singularité principale de son livre *De l'Amour* réside dans ce mélange incompatible d'idéologie et de romantisme. La logique entend s'annexer les formes les plus intenses de la passion ; Helvétius veut expliquer Saint-Preux.

Il convient de fournir ici des justifications plus abondantes, puisque l'amour, au dire de Stendhal, fut toujours pour lui la plus grande des affaires, ou plutôt la seule. « Je ne me souviens, dit-il dans *Henri Brulard*, après tant d'années et d'événements, que du sourire de la femme que j'aimais. » Il écrivit son traité *De l'Amour* à trente-sept ans, vers la fin de son séjour à Milan, au temps de la plus grande passion pour Métilde, et cependant, dès les premières lignes, le livre saisit par la froideur assurée du ton, par une sorte de circonspection catégorique qui entend imposer la conviction. En parcourant à peine la préface, on se heurte aux termes les plus significatifs. Stendhal annonce au lecteur « une description exacte et scientifique... une description détaillée des idées et de toutes les parties qui peuvent les composer ». Il annonce une « austérité scientifique du langage » ; son sujet sera traité avec toute la maussaderie de la science, mais aussi son exactitude. Pour mesurer la vivacité relative des sentiments, il recourt à l'évaluation mathématique : « Albéric rencontre dans une loge une femme plus belle que sa maîtresse, c'est-à-dire dont les traits promettent trois unités de bonheur au lieu de deux ; je suppose que la beauté parfaite donne une quantité de bonheur exprimée par le nombre quatre. » Une quantité de bonheur, cette seule expression livrerait à nu l'ambition du livre. A l'exemple des naturalistes de son temps, il veut classifier l'amour, le subdiviser en espèces, et il pose la distinction fameuse entre l'amour-passion, l'amour-goût, l'amour-physique et l'amour-vanité. Il soutient que l'évolution de l'amour parcourt une marche régulière, comme certaines maladies, et il en décompose les temps successifs. « Tous les amours qu'on peut voir ici-bas naissent, vivent et meurent, ou s'élèvent à l'immortalité suivant les mêmes lois. » Ayant classé quatre catégories d'amour, il distingue, après Cabanis, les tempéraments individuels, le sanguin, le bilieux, le mélancolique, etc..., et superpose encore à cette double distinction celle des régimes de gouvernement qui, selon lui, déterminent chacun des modalités d'amour différentes. En multipliant les quatre sortes d'amour par les six tempéraments, puis par les six régimes constitutionnels, en tenant compte au surplus de l'âge, des races et des climats, on peut parvenir ainsi à dresser une table complète des cas possibles, table à laquelle il ne manquerait rien, sinon les particularités individuelles, les seules dont se montrât avide Stendhal observateur ou romancier. Il est difficile de pousser plus loin la présomption systématique. Ajoutons que Stendhal, pour fortifier sa démonstration, adresse comme un appel divinatoire à des sciences dont ses contemporains concevaient à peine l'idée, comme la psychologie comparée et l'anthropologie. Sa théorie de la pudeur pourrait trouver place dans les mémoires de l'*Année sociologique* et l'on retient mal sa surprise devant une citation comme celle que voici, laquelle se place après une anecdote assez singulière sur les mœurs des *Ricaras* : « On devrait établir à Philadelphie une académie qui s'occuperait uniquement de recueillir des matériaux pour l'étude de l'homme dans l'état sauvage et ne pas attendre que ces peuplades curieuses soient anéanties. »

De telles anticipations sont saisissantes. On conçoit qu'elles aient excité l'enthousiasme de Taine, et, quand il qualifiait Stendhal « le plus grand psychologue de tous les temps », sans doute voyait-il surtout en lui l'ancêtre de la psychologie scientifique. D'autre part, le seul fait de subdiviser l'amour, et d'établir la classification des espèces, représentait une découverte capitale. On peut contester cette division, imputer à Stendhal d'avoir omis certaines variétés irréductibles à celles qu'il décrit, et M. Faguet, notamment, a motivé cette critique par les raisons les plus fines, auxquelles Stendhal avait en partie répondu d'avance. On peut lui reprocher encore, et cette objection appartient également à M. Faguet, d'avoir omis dans ses distinctions, ou d'avoir traité trop négligemment, celle, qu'on pourrait tenir pour l'essentielle : la distinction entre les sexes, la différence entre les façons que l'homme et la femme ont d'aimer. Cependant, il pourrait suffire au nom de Stendhal d'avoir aperçu le premier — car nul moraliste, à ce qu'il semble, n'avait encore noté, ou nul écrivain appliqué cette observation essentielle — que le mot amour était un vocable vague, désignant à la fois des formes sentimentales, non seulement distinctes, mais peu compatibles entre elles, d'avoir proclamé le premier que le bonheur n'était pas seulement d'aimer et d'être aimé, mais d'être aimé de la même façon qu'on aime. Les plus grands maîtres de la psychologie amoureuse, La Bruyère, Racine ou Marivaux, avaient traité l'amour comme un sentiment à forme unique, qui est ou n'est pas, est partagé ou non, satisfait ou non, se heurte ou non à des obstacles matériels et à des passions contraires, et qui, selon ces seules conditions, détermine le bonheur ou la souffrance. Adolphe lui-même, dans le roman de Benjamin Constant, commence par aimer, puis n'aime plus. Stendhal a vu le premier que deux êtres pouvaient éprouver l'un pour l'autre des sentiments exactement qualifiés d'amour, bien que d'essence différente, et que cette illusion d'amour partagé pouvait conduire aux plus aigus déchirements du cœur. Il a compris que deux variétés d'amour pouvaient s'affronter aussi douloureusement que l'amour et l'indifférence. En écrivant, par exemple : « Rien n'ennuie l'amour-goût comme l'amour-passion chez son partenaire », il ouvrait, au delà de la tragédie racinienne, des avenues toutes neuves, celles mêmes où devait s'engager notre comédie moderne.

Néanmoins, en dépit de la complexité ambiguë du terme, un seul sentiment, selon Stendhal, porte dignement le nom d'amour : c'est l'amour-passion, « celui d'Héloïse pour Abélard, celui de la Religieuse portugaise ». L'amour-goût et l'amour-vanité se satisfont des grâces faciles de la société ou de l'amitié. L'amour physique, tel que Stendhal le définit : « A la chasse, trouver une belle et fraîche paysanne qui fuit dans le bois », correspond à l'appétit élémentaire des sens, et, dans une société raffinée, mène tout au plus au libertinage, qu'il ne faut pas mépriser, mais dont il ne faut pas davantage exagérer l'intérêt. Ces inclinations trop tranquilles ou trop sommaires peuvent procurer l'agrément, le plaisir, voire la volupté, non le bonheur. Seul l'amour-passion rend heureux, puisque seul il emploie, jusqu'en ses réserves cachées, notre provision d'énergie vitale, et les souffrances qu'il cause sont elles-mêmes un bonheur, comme tous les amants l'ont éprouvé, puisqu'elles exaltent au plus haut point la puissance et la conscience de nos émotions. Avec la capacité de souffrir on verrait même l'amour disparaître, une femme n'étant puissante « que par le degré de malheur dont elle peut punir son amant ». Quand Stendhal affirme le droit à l'amour, ou, plus exactement, les droits de l'amour, c'est seulement à l'amour-passion qu'il pense : « Une femme appartient de droit à l'homme qui l'aime et qu'elle aime plus que la vie. » L'amour-passion comporte le don absolu et suppose l'acceptation totale du risque. Aussi ne l'observe-t-on communément que dans les siècles généreux où l'individu, accoutumé d'enfance à tous les périls, fait bon marché de sa souffrance et de sa vie. Aimer, c'est vivre dangereusement. L'Italien de la Renaissance risquait naturellement l'amour, comme il risquait le poison ou le coup de dague ; il savait aimer avec audace, méfiance et secret. Aujourd'hui l'extrême politesse crée la publicité, la vanité empêche l'aventure, l'attachement au bon goût tarit la violence. Un homme du monde rougirait de se laisser voir avec de grands désirs ou de grands chagrins. L'amour-passion, c'est-à-dire l'amour tout court, est donc devenu le lot exclusif de quelques âmes de prix, séparées par leur naissance ou libérées par leur politique de l'habitude mondaine. Et cette élite se reconnaît précisément du commun des hommes par sa notion plus exigeante du bonheur et de l'amour.

Mais comment éluder ici l'objection inévitable qui se dresse ? L'amour-passion, l'amour véritable est sensuel dans son essence, et, si nous en pouvions douter, il suffirait de nous remémorer les exemples que citait Stendhal lui-même : les lettres d'Héloïse à Abélard et de la Religieuse portugaise à Chamilly. La passion dépasse infiniment le désir, en ce sens qu'elle met au service d'un désir porté à l'extrême toutes les facultés multipliées de l'être humain ; cependant, on ne peut guère concevoir que le désir en soit absent. Or, la sensualité de Stendhal paraît extrêmement courte, et, dans ses analyses de l'amour, qu'il s'agisse de son livre théorique ou de ses œuvres romanesques, le désir n'occupe pas de place perceptible. Victor Jacquemont objectait déjà très finement à Stendhal qu'entre les différents spécimens du genre amour, tels que son traité les classifie, il aurait dû montrer au moins un caractère commun : la recherche de ce qu'il appelle « l'intimité », c'est-à-dire de la possession corporelle. Jacquemont, qui était un amoureux authentique, jugeait singulier que Stendhal pût qualifier d'amour un sentiment comme son amour-vanité, où ne participe en aucune manière l'élément qu'il fallait tenir pour essentiel. Cette remarque est frappante, et l'on peut en vérifier la portée en constatant que l'œuvre entière de Stendhal est parfaitement pure de description ou même de suggestion sensuelle, qu'on n'y trouve pas un détail, un trait, un mot qui traduise, fût-ce involontairement, la réalité de l'amour physique. Ces livres, couramment taxés d'immoralité, sont, à cet égard, aussi chastes que des romans anglais. Si Stendhal était pourvu dans une mesure quelconque de l'instinct de la sensualité, aurait-il jamais conçu la donnée d'*Armance* ; aurait-il peint la satisfaction complète, le bonheur parfait d'une femme amoureuse, auprès d'un mari qu'une incapacité naturelle empêche de réaliser cet amour ? N'aurait-il pas compris qu'au moins chez les femmes, les formes de l'amour sont modifiées par la possession ; n'aurait-il pas fait sentir que madame de Rênal, Mathilde, Clélia ou Mina de Wrangel aimaient autrement après qu'elles se sont données ? Un incident de récit, toujours succinct et presque évasif, nous instruit à quel moment les héroïnes de Stendhal ont récompensé l'amour qu'elles inspiraient ; mais, après ou avant ce détail sans importance, elles demeurent parfaitement identiques à elles-mêmes. Stendhal parle avec redondance et complaisance de son « tempérament de feu ». Nous ne voulons qu'indiquer ici un développement dont il deviendrait délicat de fournir la justification trop appuyée. Mais cent détails concordants font présumer qu'il confondait de fort bonne foi les émois de son imagination avec les troubles de ses sens, ou, plus exactement, que son tempérament, comme celui de Rousseau, était commandé par des visions imaginées plutôt que par les contacts réels. Peut-être possédait-il, de naissance, une sensualité directe et vraie, mais les premières timidités, les premières compressions l'avaient déviée et, si l'on peut dire, fait remonter tout entière au cerveau. Aussi l'amour, tel qu'il le décrit, est-il un état cérébralisé qui correspond à la tension extrême de l'imagination, non pas à l'aboutissement dernier du désir. Il est platonique, non de ce platonisme exceptionnel, où s'exprime une sensualité sublimée et que l'excès même du désir détourne seul de sa réalisation, mais de ce platonisme plus courant qui se satisfait de lui-même et confond le rêve de l'amour avec l'amour. Ainsi s'explique que le livre *De l'Amour* soit en réalité le livre de l'amour imaginaire, que, notamment, la découverte dont Stendhal tire le plus d'orgueil, la cristallisation, porte sur un travail d'imagination parfaitement factice et s'applique à l'amour cérébral, à ce que nous appelons aujourd'hui l'amour de tête, plutôt qu'à la passion.

*
**

Les jeunes gens aiment ainsi. L'amour qu'ils croient éprouver est le terrain nu où ils transportent leur chimère romanesque, et la timidité de leur âge fait qu'ils se complaisent indéfiniment dans ces rêveries sans issue. Un des charmes de cet amour tient justement à ce qu'il interdit l'action, le coup d'audace dont on se sent incapable tout en le rêvant, ou qu'on ne risque, à la façon de Julien Sorel. que par un sursaut désespéré d'amour-propre. Nous ne pouvons nous étonner que, chez Stendhal, cette notion juvénile ait persisté jusqu'à devenir le centre de sa théorie, que, par exemple, il ait pu considérer la timidité comme un des signes certains de la passion, qu'il ait pu rattacher la cristallisation, sans laquelle, à son gré, il n'est pas d'amour véritable, à des mouvements d'inquiétude et de retour défiant sur soi-même, c'est-à-dire à des phénomènes d' « imagination renversée ». Toute la formation de sensibilité que nous avons essayé de décrire explique suffisamment ces particularités. Mais, une fois la passion vidée de tout son contenu sensuel, détachée du désir qui la crée et de « l'intimité » qui l'alimente ou la rassasie, qu'en reste-t-il sinon le travail de l'imagination « bercée par les plus charmants dialogues », l'émoi de la sensibilité, le trouble vertigineux de l'esprit ? Comment soumettre ce délire poétique à des classifications et à des lois ? L'idée de l'amour à laquelle le système aboutit est celle qui semble le plus réfractaire à toute prévision, à toute règle. La contrariété, sur ce point encore, apparaît formelle, et, s'il en était besoin, toute la carrière amoureuse de Stendhal, telle que lui-même nous l'a confiée, s'offrirait à nous pour la faire ressortir.

Sa vie durant, il fut occupé des femmes, d'accord. Il raillait les jeunes gens de Paris, trop soucieux des intérêts positifs, trop absorbés par leurs calculs d'ambitieux et qui tiennent l'amour, ou même le plaisir, pour des occupations inutiles. « En Allemagne, a-t-il dit ironiquement, on croit encore que les jeunes gens de Paris s'occupent des femmes. » Mais cette occupation constante fut généralement déçue par le succès, et ses souvenirs d'homme à bonnes fortunes, qu'il évoque aux environs de la cinquantaine dans les premières pages d'*Henri Brulard*, frappent surtout par leur pénurie. Il n'a cessé de penser aux femmes ; il a très peu réussi près des femmes. Il n'était pas le sensuel direct, puissant, qui ne s'embarrasse de rien et aborde de front l'aventure. Il aurait voulu l'être : chaque fois que le nom de Martial Daru revient dans les papiers intimes, on sent pointer dans l'ironie supérieure une nuance de regret. Ses conseils à ses amis, d'après le témoignage de Mérimée, vantaient l'attaque à la hussarde, la victoire expéditive et brutale. Mais on ne voit pas qu'il ait jamais connu ce genre de succès, fût-ce dans les hasards commodes de ses campagnes. La timidité d'une part, la sentimentalité romanesque de l'autre, avaient jeté de trop profondes racines. Il était timide devant le fait ; il avait besoin, pour justifier l'acte, et sans doute pour le souhaiter, d'un état propice du cœur et de l'imagination, c'est-à-dire de cette préparation sentimentale qui rend inapte aux coups de maîtrise et, à tout le moins, empêche de saisir les moments opportuns [1]. Hors les rencontres passagères et anonymes, il n'a connu que les femmes qu'il pouvait aimer et toutes ses aventures ont pris le caractère de romans d'amour. Dans chacune de ses liaisons, il a porté le même mélange de chimère juvénile et de tactique réfléchie, ou, pour emprunter ses propres expressions, de chérubinisme et de rouerie. A chaque épreuve nouvelle, le Chérubin et le roué se sont contrariés et comme annulés l'un l'autre.

Pour faire le Valmont, pour s'attacher au « bien joué » et mener sa partie avec rigueur, il faut avoir la tête rassise et le cœur entièrement désabusé. Stendhal conduit ses entreprises amoureuses avec les plus belles intentions de stratégie, mais en présence de l'objet aimé, l'afflux soudain des images paralyse aussitôt sa logique. Devant la femme qui l'a fait rêver,

---

[1]. On lit dans le *Journal* tenu à Brunswick : « Je vois par l'expérience une vérité dont ma paresse m'éloigne. C'est combien il est inutile de choisir les moments. Dès que mon imagination est éveillée, je suis timide... »

comme devant l'homme qu'il admire, il se sent étouffé par l'émoi et par la crainte. Avant le contact direct, il était parfaitement maître de soi et tirait les plans les plus justes. Sitôt le contact rompu, il recouvrera son sang-froid, percevra clairement ses fautes, calculera le moyen de les réparer dès le prochain engagement. Nous possédons de lui d'étonnants projets préparatoires, comme cette *Consultation à Banti* où toutes les combinaisons d'attaque, toutes les chances de succès sont pesées avec une précision si savante qu'elle peut sembler infaillible. Nous le verrons de même, après coup, déployer cette clairvoyance minutieuse que donne la conscience de l'échec et qui procure à la timidité comme une revanche rétrospective. Mais les stratégistes en chambre furent, d'ordinaire, des généraux malheureux. Durant la recontre, ses moyens lui manquent ; le plan longuement machiné se dérobe au moment de l'exécution. Son imagination surmenée et défiante trahit les calculs de sa raison. Il n'a plus assez de présence d'esprit et de calme pour attirer l'adversaire, ainsi que les roués y excellent, sur le terrain choisi d'avance. La conscience de chaque infraction, de chaque faute, immédiatement perçue, augmente à mesure le désarroi. Et, d'autre part, le souvenir de cette réflexion préalable, l'obsession du plan bien arrêté qu'il faut suivre, de la leçon bien apprise qu'il faut citer, empêchent l'abandon, l'épanchement spontané, le mouvement heureux qui s'empare des circonstances imprévues. L'amant qui se fie à sa candeur, à la puérilité de son trouble, à la sincérité de sa souffrance, peut toucher le cœur le plus dur, et nous avons vu Fortunio triompher de Clavaroche. Mais que donnerait-on de sa chance si Fortunio arrivait au rendez-vous avec une suite de résolutions préméditées : je dirai ceci, puis ceci... A tel moment, je lui prendrai la main... A tel moment, je me jetterai à ses genoux !... L'échauffement du rêve et de l'émotion avait annulé la méthode ; le seul fait d'avoir recouru à la méthode détruit le charme du rêve et le pouvoir de l'émotion. La raison critique, impuissante à maîtriser le trouble, suffit cependant pour l'altérer, pour le priver de sa grâce contagieuse. Ajoutez que, la passion s'étant formée autour d'un être chimérique et non pas autour de l'être réel, le contact fera saillir d'inévitables écarts entre la personne imaginée et la personne véritable, que la raison, toujours vigilante, percevra la discordance la plus fine, et qu'au sentiment de l'impuissance ou du malaise se mêleront les chutes de rêve, l'amer désenchantement. Ainsi, les deux tendances contraires se neutralisent, et, pour avoir voulu les combiner dans sa conduite comme dans sa pensée, Stendhal s'est frustré tout à la fois de leurs avantages respectifs. Il n'a recueilli le bénéfice ni de sa science ni de sa passion, ni de sa connaissance du cœur humain ni de son illusion exaltée, ni de sa logique magistrale ni de sa juvénile timidité.

Le jeune Stendhal, épris de mademoiselle

Kably, ou plutôt de l'image romanesque qu'il avait située sous les traits de cette insignifiante comédienne, fuyait de peur dans les jardins de l'Hôtel de Ville plutôt que de s'avancer à sa rencontre. C'est qu'il se savait également incapable de lui débiter les discours composés d'avance et de lui parler naturellement. Cette aventure d'adolescence pourrait servir de frontispisce à toute sa vie amoureuse, qu'à vrai dire nous connaissons mal dans son détail. Sur Adèle Rebuffet et Victorine Mounier, qui furent ses premières coquetteries, nous ne possédons que les renseignements du *Journal*, incertains et ambigus à tel point qu'il paraît impossible de décider si Stendhal, entre 1802 et 1805, aima une ou deux Adèle, et si Adèle Rebuffet, Adèle de N..., Adèle *of the gate* font une même personne. Sur madame Curial et madame Alberthe de Rubempré, dite madame Azur, qui furent ses premières liaisons importantes, il faut nous en tenir aux anecdotes douteuses que nous ont transmises ses amis. En ce qui touche madame Daru, notre ignorance est entière. Nous savons, par quelques pages inoubliables, avec quelle exaltation défiante, avec quels transports craintifs Stendhal s'éprit d'Angela Pietragrua, quand il la connut à Milan, après Marengo. Il devint son amant en 1811, sans beaucoup de peine à ce qu'il paraît, mais Angela eut moins de peine encore à le tromper. On pourra trouver les détails de cette histoire dans le *H. B.* de Mérimée, et l'on discerne assez clairement entre les lignes combien le théoricien de l'amour manquait de clairvoyance vis-à-vis de la femme aimée, comme il devenait aisément sa dupe, ou plutôt la dupe de sa propre imagination. Il adora Métilde Dembowska ; il l'adora si fort qu'il parvint à l'excéder par ses maladresses, par ses imprudences compromettantes, et cependant il n'osa jamais l'offre franche, le mouvement impérieux qui déterminent ou imposent l'amour. L'intensité du sentiment bouleversait les combinaisons réfléchies ; la préoccupation critique paralysait l'expression du sentiment. Par surcroît, cette adoration toute poétique ne connut jamais l'impulsion dominatrice des sens, dont la femme subit confusément l'empire, et qui oblige l'homme à risquer.

Mais, pour contrôler par le menu l'exactitude de cette analyse, il faudrait se reporter avant tout aux passages du *Journal* et de la *Correspondance* où l'aventure de Louason est notée presque jour à jour. Grâce à des documents uniques, nous pouvons, pour une fois, suivre Stendhal dans le détail de son amour et de son intrigue. Mélanie Louason, on s'en souvient, est cette jeune femme, de condition et de mœurs incertaines, que Stendhal avait rencontrée chez le comédien Dugazon, et qui, par une ambition fort commune, voulait se hausser de la galanterie au théâtre. Cinq mois durant, Stendhal lui fit quotidiennement sa cour. L'inclination qui le portait vers elle n'était pas parfaitement spontanée ; il voulait oublier Victorine Mounier, se distraire d'un amour impossible, s'occuper par une chimère nouvelle et plus accessible. Il parvint en effet à aimer Mélanie, mais, bien qu'il comptât vingt-deux ans à peine, il est clair qu'il ne parvint pas à la désirer. Dans ces tête-à-tête journaliers, on ne perçoit pas un mouvement naïf et puissant, on ne saisit pas le moment où les sens parlent ; signe péremptoire, il ne ressentit jamais de jalousie corporelle, bien que Mélanie ne lui en ménageât pas les occasions. Aimer Mélanie, c'est la transformer en une héroïne du cœur, c'est la parer des plus exquises délicatesses, c'est éprouver à ses côtés le besoin de la confidence, c'est voir en elle une grande âme, digne de son maître Gros ou de madame Roland, digne surtout de lui-même. Dans son illusion romanesque, il interprète à faux les signes de caractères les plus évidents, les faits les plus manifestes. Il s'aperçoit à peine que son héroïne est facile, que Dugazon, Martial Daru, l'Allemand Wagner se sont fait successivement bien venir, que ce M. Le Blanc, le vieux bourgeois aux visites ponctuelles, subvient aux dépenses de la maison. Il est candide et presque jobard. Chaque jour, cependant, il médite sur les moyens de devenir l'amant de Mélanie. Il saura se rendre indispensable ; il excitera sa jalousie par des machinations compliquées ; il osera telle privauté. Quand il sonne à sa porte, ses résolutions sont prises par le menu. A peine entré, tout le désoriente et le déconfit. Le lecteur, moins ému que lui, devine les moments où Mélanie, touchée de son assiduité, de sa gentillesse, n'eût pas demandé mieux que de céder à ce jeune homme ardent et silencieux. Mais Stendhal, serré par l'émotion et empêtré par son machiavélisme d'antichambre, n'aperçoit pas l'occasion ou n'a pas la force de la saisir. Il devient importun, presque ridicule. Mélanie, comme il est ordinaire aux femmes, ne lui a su gré de son respect que jusqu'au moment où elle pensait l'en récompenser. Elle évite Stendhal, refuse de le recevoir, et la partie semble perdue. C'est alors qu'intervient un hasard heureux : Mélanie est engagée à Marseille, et Stendhal se résout à partir avec elle. Il touche à Grenoble, la rejoint à Marseille où la communauté de la vie produit son effet fatal. Est-il heureux ? Non certes. Aime-t-il ? A sa façon. Ses lettres respirent l'enthousiasme, l'admiration passionnée, et, si l'on veut, une sorte d'adoration. Cependant, il laisse repartir pour Paris cette jeune femme charmante et qui, elle, avait fini par aimer. Son rêve lui était nécessaire, non la personne autour de qui le rêve s'était formé, et, quelle que fût sa force d'illusion, la vie avait dû heurter plus d'une fois sa chimère. Le roman avait duré moins d'une année. Ce fut le premier de sa vie et tous les autres durent y ressembler. La méthode et le machiavélisme ne desséchèrent jamais la source inépuisable de sa sensibilité. La pureté, la fraîcheur de cœur, la capacité de rêve et de déception survécurent à la confiance et à l'enthousiasme. Mais la réflexion préalable et la préoccupation masquaient la sincérité et empêchaient le naturel. Amant quelquefois heureux, il ne connut jamais le bonheur dans l'amour réalisé, parce que sa passion s'était nourrie de visions imaginaires et que la réalité, même poétiquement interprétée, n'égale jamais ce que l'imagination avait construit. Dans son *Journal*, quelques jours avant son départ pour Marseille, il avait lui-même tiré son horoscope : « Sublime dans tes châteaux en Espagne extraordinaires, point bon dans le monde... »

IV

STENDHAL ET LE ROMANTISME

Il est toujours malaisé d'apprécier dans quelle mesure le tempérament d'un écrivain est le produit de causes individuelles, dans quelle mesure il se rattache à des conditions générales et communes. Sans doute, chez Stendhal, la correspondance peut s'établir de façon à peu près complète entre les originalités de la pensée, d'une part, celles de l'éducation ou de la vie, de l'autre, et c'est à quoi nous nous sommes efforcé. L'amour de la passion comme le goût de la logique, l'espagnolisme comme le machiavélisme, peuvent s'expliquer par l'influence restreinte de la famille et du milieu, par l'imitation ou la réaction personnelle. Mais n'oublions pas cependant les dates ; ne perdons pas de vue que Stendhal est le contemporain presque exact de la première génération romantique, qu'il est né quinze ans après Chateaubriand et sept ans avant Lamartine. Bien qu'il se soit tenu à l'écart de toute école, que les coteries littéraires lui aient inspiré un éloignement aussi marqué que les coteries de salon, bien qu'il ait éprouvé pour la personne des grands romantiques une antipathie particulière, il n'en subsiste pas moins qu'il a grandi dans la même société, qu'il a respiré la même atmosphère sentimentale, qu'il a suivi ou remonté les mêmes courants d'idées. On a dit de lui, et avec grande raison, qu'il était imperméable, réfractaire à toute influence, à toute persuasion, mais ce n'est pas subir l'influence d'une école que de se former en même temps qu'elle et à côté d'elle, sous les mêmes appels, dans des conditions analogues de culture et de croissance. Donc, ne rapportons pas uniquement aux particularités de la biographie ce qui, pour une part impossible à mesurer, revient au siècle. Ne nous étonnons pas si la sensibilité stendhalienne est, par essence, une sensibilité romantique, née du siècle, et que le mal du siècle a touchée.

De fait, tandis que le beylisme continue le xviii° siècle classique par son allure formelle, par son procédé logique, par sa méthode, il est romantique par sa substance et par sa conception finale. Romantique, la notion d'une élite sentimentale, d'une aristocratie du cœur à qui sont réservées les grandes passions et les grandes souffrances; romantique, le mépris des satisfactions modérées, du bon sens paisible, de l'équilibre bourgeois. De Byron à Gautier, nous avons vu courir ces thèmes généraux du beylisme : le dégoût des banalités courantes de la vie, l'horreur des « demi-âmes », des esprits courts, des caractères dociles, la condamnation des mœurs convenues, des règles et des lois. L'extrême susceptibilité, la préoccupation continue de soi-même, qui sont comme le sentiment moteur du beylisme, peuvent être tenues pour une variété souffrante de l'individualisme romantique, et, si l'individu surveille avec cette minutie anxieuse les répercussions externes ou internes de ses moindres déplacements, c'est évidemment qu'il se croit le centre du monde. La conviction instinctive que l'être d'exception, sitôt sa supériorité reconnue, recueille en retour l'aversion ou la haine, qu'il vit cerné d'ennemis dont l'effort vise à l'étouffer sous les contraintes banales et sous les chaînes vulgaires, ce sentiment encore est romantique, avec cette nuance toutefois que l'ennemi, pour Stendhal, n'est pas la nature ou le corps social, mais le monde au sens limité du mot, c'est-à-dire la société élégante, les salons, et qu'ainsi le beylisme, à cet égard, est un romantisme rétréci. Comme les romantiques, Stendhal a éprouvé que les originalités du cœur et de la pensée enfermaient l'homme d'élite dans un isolement nécessaire, qu'il était séparé des autres hommes tantôt par ses répugnances et tantôt par ses enthousiasmes, que l'excès de sa sensibilité le rendait incapable, le voulût-il, de se livrer, de se faire connaître. Il est clair que sa conception de l'amour est pareillement romantique. La tragédie racinienne avait connu les états les plus désordonnés, les plus intenses de la passion, mais elle les condamnait en les analysant et son exactitude même était un blâme. Rousseau s'épuise à mener de front la passion et la morale. Quand Stendhal désigne l'amour-passion comme le seul amour véritable, quand il le juche, pourvu qu'il soit authentique, au-dessus des principes et des lois, au-dessus de la vie même, il rejoint le drame de Dumas et de Hugo, les premiers romans de George Sand. C'est bien ainsi qu'aiment Hernani, Antony ou Mauprat, et, selon les romantiques, qui n'aime point ainsi n'aime pas. Enfin, si l'on se reporte à la notion stendhalienne du bonheur, à cette théorie altière et solitaire qui rejette tous les éléments matériels du plaisir, toutes les formes paisibles de la satisfaction et ne cherche qu'à tirer de l'âme les plus ardentes étincelles, ne reconnaît-on pas l'avidité mystique d'un Lamartine, cette aspiration idéale « qui n'a pas de nom au terrestre séjour » ?

Mais voici qui noue entre le romantisme et Stendhal une parenté plus étroite encore. La passion, telle que Stendhal la définit, est une réalité, infiniment rare et difficile sans doute, mais que l'expérience cependant peut saisir. Au contraire, le bonheur, tel qu'il le conçoit, est une pure chimère de l'esprit, une sorte d'appel lyrique, où l'imagination s'épanche et que la vie ne peut entendre. Aucune récompense terrestre n'apaisera jamais les énergies profondes de l'âme, à moins qu'elles ne soient concentrées vers un but précis et concret. La vie peut leur offrir, par intervalles, d'illusoires satisfactions : quelque crise intense et brève, quelques instants d'exaltation pleine et bientôt interrompue. Ces accidents heureux prolongent, renouvellent le rêve poétique du bonheur, mais ils ne font pas que le bonheur soit autre chose qu'un rêve. Pour qu'il devienne une réalité, deux éléments essentiels feront toujours fatalement défaut : la certitude et la durée. Stendhal ne s'y trompe pas, non plus que les romantiques, puisque la sécurité ou la continuité sont précisément l'attribut de ces bonheurs pacifiques qu'ils ne sauraient accepter sans déchoir. Nous trouvons donc au fond du beylisme ce qui est peut-être l'essence de la sensibilité romantique : la persistance vers un but qui, d'avance, est connu comme intangible, l'acharnement vers un idéal, c'est-à-dire vers l'impossible, la dépense consciente de soi-même, en pure perte, sans espoir quelconque de récompense ou de retour. Car les âmes assez exigeantes pour aspirer à ce bonheur parfait, ou même surhumain, le sont trop pour accepter en échange les compensations atténuées qui font le lot commun des hommes. La mélancolie romantique est issue de ces thèmes élémentaires : les seuls bonheurs accessibles à l'homme font sa bassesse ; sa noblesse fait sa souffrance ; une fatalité maligne a posé devant lui ce dilemme : la vulgarité innocente qui le ravale à la brute, l'aspiration anxieuse et condamnée qui le hausse vers un ciel inaccessible...

※

On peut affirmer sans trop de témérité que Stendhal, tout en rédigeant ses formulaires pratiques de bonheur, a eu conscience, lui aussi, de l'échec inévitable. Il a pu croire, parfois, que la chance seule lui avait fait défaut, qu'il n'avait manqué à sa félicité que l'accord des circonstances extérieures. S'il avait pu refaire à son gré sa condition, son caractère et son visage, s'il était né riche, beau, égal aux plus grands, pourvu de cet ascendant naturel qui s'impose aux femmes, n'aurait-il pas été un homme heureux ? Dans les amertumes de Julien Sorel on peut percevoir ce sentiment d'un partage inégal, d'une distribution vicieuse des dons et des biens terrestres. Avec le nom du petit marquis de la Môle ou du chevalier de Beauvoisis, avec leurs façons et leur parfaite confiance en eux-mêmes, Julien s'imagine qu'il aurait réalisé le bonheur dont une âme comme la sienne était digne, et Stendhal, dans sa jeunesse, a certainement nourri la même illusion. Mais à l'extrême fin de sa vie, quand il la pouvait juger et embrasser entière d'un coup d'œil, il se rendait clairement compte que l'échec était tiré de plus loin, que la difficulté gisait en lui-même, au lieu de venir du dehors, et tel est le sens profond du personnage de Fabrice dans *la Chartreuse*.

La différence capitale entre Fabrice et Julien est que, pour Fabrice, toutes les conditions objectives du bonheur sont supposées. Il est pourvu d'une figure charmante, qui éveille naturellement l'idée de la volupté et que relève, pour comble de raffinement, une sorte de gravité pudique. Pas une femme qui ne le remarque, ou même qui ne le souhaite, jeune vierge, fille de cabaretière, petite comédienne ou grande dame. Son père, le marquis del Dongo, est un seigneur fort noble et fort riche. Sans doute il n'est pas tendre, car dans son œuvre entière, Stendhal ne nous a livré, et pour cause, qu'un exemplaire supportable d'amitié paternelle : c'est M. Leuwen, le père de Lucien, et encore cache-t-il sa bonté sous beaucoup de sarcasmes et de manies. Mais Fabrice del Dongo n'a vécu que fort peu d'années près de ce père à la Chérubin Beyle ; il est, pour l'ordinaire, le commensal aimé de sa tante Gina, laquelle faisait les délices de la cour du vice-roi Eugène, à Milan, avant de régner, en favorite toute-puissante, sur la petite cour du grand-duc de Parme Ranuce-Ernest. Tout abonde autour de Fabrice, la fortune, les honneurs, et le pouvoir s'il le souhaite. Il est égal, pour le moins, à tous les êtres qui l'entourent, sans que pourtant un excès de grandeur ou de génie l'élève au-dessus de l'humanité. Cette égalité parfaite représente, selon Stendhal, la principale condition du bonheur possible. On ne doit se sentir ni au-dessous ni trop au-dessus de son milieu social. Toutes les souffrances de Julien Sorel ont pour cause la peur d'avouer son infériorité ; toutes les misères d'un lord Byron, par exemple, ont pour origine le sentiment d'une supériorité démesurée. Dans les pages surprenantes qu'il a consacrées à lord Byron et qu'on trouvera dans la *Correspondance*, Stendhal a montré que toutes les formes de l'inégalité étaient également pernicieuses à l'homme, qu'elles déterminaient les mêmes troubles douloureux de la sensibilité, et surtout le même égarement sur soi-même. Dans une lettre de jeunesse, adressée à sa sœur Pauline, il avait déjà noté qu'on ne peut « goûter le plaisir de la franchise qu'avec ses égaux ».

Fabrice est égal. Il peut s'asseoir, sans un geste d'humilité ou de reconnaissance, à la table d'un prince ; il peut écouter, sans un moment de mépris ou de lassitude, les propos de Gina et de son amant, l'admirable comte Mosca, ministre de Parme. Rien au-dessus ni au-dessous, un heureux niveau avec tout ce qui l'entoure : de là son exquis naturel et sa parfaite simplicité ; de là, sa gentillesse, sa douceur, son aménité toujours prête. Il n'éprouve, et ne peut éprouver, nul sentiment susceptible, aucune nuance d'inquiétude. Il ne s'est jamais dit : comment me trouvait-on hier ?... que pensait telle jeune femme de ma figure et de mes habits ?... dans telle société, suis-je recherché ou seulement toléré, moi qui vaux plus qu'eux tous ensemble ?... Fabrice est tranquille, sûr de sa bienvenue, et promène autour de lui une sorte d'aisance sereine, sans s'abaisser jamais à une épreuve ou à une comparaison. Il est dépourvu d'hypocrisie autant que de préoccupation, et toujours pour la même cause. Quand on est égal, quand on est libre, l'hypocrisie devient un luxe ou un vice. Fabrice ne fait l'hypocrite que pendant une courte période de sa jeunesse, lorsque la police, après son équipée de Waterloo, l'exile dans une petite bourgade piémontaise. « Il fallait que, dans son exil à Romagnano, Fabrice, 1° ne manquât pas d'aller à la messe tous les jours, prît pour confesseur un homme d'esprit, dévoué à la monarchie ; 2° il ne devait fréquenter aucun homme passant pour avoir de l'esprit ; 3° montrer du dégoût pour la lecture, ne jamais lire surtout aucun ouvrage imprimé après 1720..., etc. ». Fabrice se conforme à la lettre de ces instructions, parce qu'il faut subir la loi du maître, et fait trois heures à pied pour lire en secret le *Constitutionnel*, parce qu'une âme à l'espagnole revendique son indépendance comme elle peut. A cette exception près, Fabrice agit toujours franchement, parce qu'il est toujours libre d'agir à son gré et qu'on ne contraint même pas ses imprudences. Le personnage du comte Mosca, quel qu'en ait été le prototype historique [1], — et toutes les hypothèses formulées à cet égard sont d'une faible vraisemblance, — paraît imaginé pour débarrasser Fabrice de

---

1. L'idée première est empruntée, comme nous l'avons indiqué plus haut, à la chronique des Farnèse. Mais Balzac, dans l'étude fameuse qu'il a consacrée à *la Chartreuse*, conjecture que le prince de Metternich avait servi de modèle pour le détail du caractère, et quelques commentateurs récents, tels que M. Farges et M. Adolphe Paupe, substituent au prince de Metternich un haut fonctionnaire authentique, le comte Saurau, gouverneur de la Lombardie.

tout ce qui est logique préméditée et combinaison machiavélique. Stendhal, cette fois, dissocie volontairement les deux tendances dont nous avons suivi le mélange dans sa personne et qui demeuraient combinées dans le caractère de Julien. Autour du comte Mosca, esprit sarcastique, cœur défiant, tête froide, il groupe tous les éléments politiques et méthodiques. C'est encore au comte Mosca qu'il attribue le tourment, la jalousie, l'inquiétude, l'intrigue ou la gaucherie dans l'amour, et le type de Fabrice, ainsi dégagé, devient l'image de la spontanéité parfaite, de la sentimentalité pure. Le charme plus poétique du caractère tient à cette épuration même. Fabrice représente la jeunesse limpide, aussi confiante qu'ardente, qui attend tout de la vie, et qui appelle le bonheur avec un élan aussi libre que l'oiseau pousse son cri.

Cependant Stendhal, avec cette clairvoyance chagrine de l'homme mûr qui recompose sa jeunesse, pressent que Fabrice non plus n'est pas capable de bonheur. On eut beau doter le héros de tout ce qui avait manqué à l'écrivain, ont eut beau le pourvoir et le combler, aménager à son profit toutes les circonstances, le malaise persiste malgré tout. La fée maligne assistait au baptême. Fabrice, ainsi que tous les personnages de Stendhal, a conçu le bonheur comme une émotion qui se prolonge, comme une sorte d'expansion intarissable de l'âme, et cette conception, quel que soit l'appui des faits ou des êtres, n'est qu'une vision poétique, que ceux qui l'imaginent et la poursuivent sont peut-être les plus incapables de réaliser. Cette « recherche du bonheur dans les sentiments tendres », comme a si bien dit M. Barrès, aboutit en somme à l'irrésolution, à l'instabilité, à l'ennui. Il en est ainsi, tout au moins, durant la partie minutieuse et vive du récit, c'est-à-dire jusqu'au moment où la passion de Fabrice pour la jeune Clélia Conti vient absorber toute son énergie désœuvrée. Avant ce dénouement, tant que nous le voyons agir comme un être normal, Fabrice n'est qu'un adolescent rêveur, égaré dans des aspirations sans objet stable ou dans des efforts sans direction, à qui tous les succès semblent dus, mais qui ne sait quel succès choisir et qui fait des fouilles, ou des folies, pour tuer les heures. Il lui manque la règle et l'action, il lui manque surtout la société spirituelle. Sa charmante mélancolie naît de la solitude et de la singularité. Incapable d'imiter autrui, de se modeler sur une doctrine ou sur un type, il n'a pas trouvé d'être qui lui ressemblât, de « compagnon dans cette débauche ». Dans la société la plus raffinée, la plus prévenante, il se sent pourtant isolé comme le plongeur sous la cloche. Nous connaissons les éléments de ce malaise : conscience d'une vie dépaysée et d'un caractère mal adapté à ses fins, inquiétude indéfinissable de l'être qui se croit déplacé, malvenu, et dont les émotions intimes ne trouvent ni correspondance ni confidence, fléchissement de l'âme sous le poids d'une énergie vague qui cherche en vain son emploi. Tels sont bien les caractères du mal romantique, et Fabrice, à cet égard, est le frère de Fantasio ou de Rolla.

Il est vrai que, dans sa prison de la tour Farnèse, tandis qu'à travers la brèche d'un volet de bois il suit les mouvements de Clélia et surprend ses regards rougissants vers la fenêtre, Fabrice se dit heureux. Il bénit la détention injuste qu'ont obtenue contre lui les ennemis de sa tante Gina. Il déplorera la liberté qui doit le priver d'émotions si fortes. Mais dès que l'amour l'a touché, — et cet amour, pour les deux jeunes gens, a le caractère d'une passion en coup de foudre, — Fabrice se retranche de tous les intérêts humains aussi complètement qu'un moine dans sa cellule. La passion ne fait qu'anticiper sur le cloître ; Fabrice amoureux, c'est déjà Fabrice chartreux. Or, le problème du bonheur a pour donnée l'individu situé dans son milieu naturel, l'individu en relation avec le monde, la société, la nature, et le cloître n'est pas une solution. Pourquoi, d'ailleurs, Fabrice aime-t-il Clélia ? Autour de quelle image ou de quelle idée s'est formée la cristallisation ? Alors qu'on l'écrouait dans la citadelle de Parme, dont le père de Clélia est le gouverneur, il a rencontré les yeux de la jeune fille : « Quel regard ! que de choses il exprimait ! quelle profonde pitié ! Elle avait l'air de dire : la vie est un tel tissu de malheurs ! Ne vous affligez pas trop de ce qui vous arrive ! Est-ce que nous ne sommes point ici-bas pour être infortunés ? » Fabrice a reconnu dans ce regard une âme pareille à la sienne, pensive et solitaire, ennoblie par le mépris de toutes réalités, de toutes satisfactions terrestres, par « le regret de quelque chimère absente ». Les amours de Fabrice et de Clélia, dont Stendhal au surplus s'est bien gardé de retracer l'histoire intime, et qu'il se borne à accompagner des plus étranges péripéties, achèvent ainsi le roman par une sorte d'apothéose romantique.

On pourrait renouveler cette analyse sur l'Octave d'*Armance* ou sur le personnage de Lucien Leuwen. Tous deux, comme Fabrice, sont de niveau avec la société où ils vivent, de plain-pied avec la tâche qu'ils pourraient assumer. Tous deux cependant sont solitaires, désenchantés, mélancoliques. Une sorte de tare secrète vicie en eux tous les moyens acquis du bonheur. C'est donc que l'échec est nécessaire, qu'un obstacle intime, irréductible, s'oppose même aux circonstances les plus bienveillantes, et cet obstacle est l'inaptitude foncière de l'être, c'est-à-dire l'avidité démesurée de son appétit, l'intensité chimérique de son exigence. Avec son tempérament positif, Stendhal a commencé par préciser l'état, par en définir les causes apparentes, par le rattacher à des conditions extérieures et contingentes en fonction desquelles il pourrait se modifier. D'accord avec les romantiques, il explique maintenant son mal par une sorte de fatalité interne, et le loge dans ce que l'âme a de plus poétique et de plus mystérieux. Ce sentiment de l'irrémédiable, de l'idéal impossible, de l'insatisfaction nécessaire, qu'est-ce autre chose que le mal du siècle ? Chateaubriand, Senancour, les romantiques de la première génération ont su d'avance, et presque de naissance, qu'ils n'étaient pas nés pour les satisfactions communes, et que le bonheur sublime vers lequel ils se tendaient devait se reculer sans cesse comme un mirage. Ils ont si bien conscience de leur prédestination que toute rémission, toute détente heureuse, tout croisement fortuit de la joie les trouve surpris et désorientés. Cette aubaine les surprend comme une erreur de la destinée. Comment oublier le mot saisissant qui échappe à Stendhal dans une de ses lettres de jeunesse et qu'il faut tenir à lui seul pour une profession de pur romantisme : « Je me trouve étrange dans le bonheur... »

*
* *

Ainsi, par une dernière contradiction, le beylisme aboutit à la recherche rationnelle et méthodique d'un bonheur qui, non seulement est inaccessible par essence, mais pour lequel l'individu sait qu'il n'est pas fait. Ce dernier état qui, chez Lamartine ou chez Musset, provoque l'expansion lyrique, a déterminé chez Stendhal le goût tout-puissant de la rêverie, et sans doute aussi le goût de la musique et de la peinture. On a reproché récemment à Stendhal la médiocrité de ses goûts de mélomane. On lui a fait grief de n'avoir vanté que la plus vulgaire mélodie italienne et d'avoir, en revanche, méconnu Rameau, qui devient notre grand musicien français. Mais, pour Stendhal, l'amour de la musique est tout simplement un goût semblable à celui du tabac ou de l'opium. Les sons excitent son rêve et endorment ses déceptions. C'est peut-être seulement sous l'influence de la musique de Mozart, ou de la peinture du Corrège, que s'est pleinement épanchée cette sensibilité rêveuse, méconnue dans ses aventures d'amour, masquée dans ses livres par l'ironie tranchante du ton et la précision de l'esprit. Qu'on relise dans *De l'amour* cette phrase dont le début a tant de grâce : « Je viens d'éprouver ce soir que la musique, quand elle est parfaite, met le cœur exactement dans la même situation où il se trouve quand il jouit de la présence de ce qu'il aime », ou encore : « La musique parfaite, comme la pantomime parfaite, me fait songer à ce qui forme habituellement l'objet de mes rêveries... » La musique parfaite, à ses yeux, est celle qui agit le plus vivement sur sa faculté d'évocation intérieure, celle qui suscite le mieux le souvenir et la vision poétique, celle qui développe peu à peu autour de sa conscience les nuages les plus vaporeux et les plus légers. Lui-même s'est demandé si sa prédilection musicale, dont les débuts furent précoces[1], avait une valeur propre et autonome. « La musique me plaît-elle comme *signe,* comme souvenir du bonheur de la jeunesse, ou par elle-même ? » Il s'est posé la question ; nous pouvons la trancher pour lui. La musique lui était chère parce qu'elle exerce sur certains tempéraments nerveux une action à la fois excitante et stupéfiante, parce qu'elle excitait son rêve sentimental et stupéfiait sa conscience réfléchie, parce qu'elle voilait le présent au profit d'un passé choisi ou d'un avenir chimérique. « La bonne musique ne se trompe pas et va droit au fond de l'âme chercher le chagrin qui nous dévore... La bonne musique me fait rêver avec délices à ce qui occupe mon cœur dans le moment. »

On conçoit fort bien que cette mélomanie trop égoïste ait irrité un homme tel que Berlioz, dont la plus grande originalité fut précisément d'employer la musique à la traduction de sentiments ou de faits définis, de vouloir la constituer en un langage précis et indépendant. Expression exacte et description d'une part, évocation vague et suggestion de l'autre, ce sont là deux notions antipodiques des procédés et des fins profondes de l'art musical. Mais qui tranchera cette querelle ? Il ne semble pas que la musique ait réussi par ses seuls moyens à rendre la réalité objective, à

---

1. Voir à ce sujet, dans la *Vie d'Henri Brulard,* une page charmante (I. 267) publiée pour la première fois dans l'édition Champion.

représenter une action, une liaison logique d'idées, un paysage. « La musique ne peut pas plus peindre distinctement une tempête que dire : M. Haydn demeure près de la barrière de Schœnbrunn. » Elle ne parvient même pas à communiquer à l'auditeur les sentiments ou les idées qui l'ont inspirée. Sa vertu propre est sans doute de susciter, puis d'aiguiller vers l'une ou l'autre de leurs directions habituelles, les forces latentes de l'imagination et de la mémoire, c'est-à-dire que les états qu'elle crée et les images qu'elle évoque varient avec l'individu qui l'écoute. S'il en est ainsi, la musique parfaite est bien, comme le pensait Stendhal, celle qui tire de nous les visions les plus nobles ou les plus tendres, celle qui interpose, entre la conscience et les sons qu'elle perçoit, le plus dense brouillard d'émotions personnelles, celle, en un mot, qu'on finit par ne plus entendre. Cette conception peut sembler basse ; elle paraît réduire l'effet de l'art le plus pur au plus banal attendrissement sur soi-même, et l'on songe aux petites ouvrières, groupées en extase et la larme à l'œil autour des chanteurs ambulants des carrefours. Mais l'action de la musique sur ces auditrices ingénues est précisément de réaliser en elles toute la capacité poétique, ou, si l'on préfère, toute la virtualité romantique qu'elles recèlent. La voix du chanteur éveille un rêve si beau qu'il fait un instant oublier la vie et nul art ne peut prétendre à un triomphe plus haut. Qu'il s'agisse d'un homme de génie ou d'une fillette romanesque, l'effet est le même dans son essence. Ce qui varie avec le sujet, c'est seulement le contenu du rêve, et aussi la qualité de la drogue susceptible de l'animer. Pour la grisette, il suffit des romances d'amour et des valses lentes; il fallait, pour Stendhal, la mélodie de Pergolèse et certains accompagnements de Mozart. Eût-il connu Rameau, dont le nom même était oublié de son temps, que cette œuvre de style et de raison, trop pareille à la tragédie racinienne, lui fût apparue comme une science dévoyée et non comme un art. Racine ne l'a jamais fait rêver. Sa sensibilité était romantique.

*
* *

Mais, après avoir poussé cette analogie, que la contiguïté des époques et la concordance des conditions rendaient en quelque sorte inévitable, il convient de rappeler vigoureusement les dissemblances. La plus apparente est qu'au lieu de se complaire, comme les romantiques, dans ce mal du siècle dont la contagion l'a gagné, Stendhal le juge et le combat. Il ne se targue pas de son mal-être ou de sa peine : il ne se drape pas dans ses désillusions. Il tient le mal pour un mal, en analyse les symptômes et tente d'instituer la thérapeutique morale qui procurera la guérison. L'insatisfaction romantique n'est pas, à ses yeux, un thème inspirateur, et sa volonté du bonheur est si forte qu'on ne l'entendra jamais dire : Il a souffert ; qu'importe, il a chanté !... Il pense comme le brahmine de Voltaire, qu'il ne s'agit, après tout, que d'être heureux, et l'appel vain vers le bonheur ne lui paraît pas compensé par le cri lyrique où il s'exprime. Son romantisme s'échappe et suinte, pour ainsi dire, en aveux involontaires, en petits traits courts et secrets. Il ne l'étale pas en variations orgueilleuses, en chants communicatifs qui, peut-être, n'auraient pas répugné à sa nature profonde, mais où son goût n'aurait vu qu'emphase et déclamation. Pour s'abandonner à l'expansion poétique, la première condition est de ne pas craindre le ridicule, et ce courage indispensable n'a jamais manqué davantage à personne.

Autre point essentiel : bien que la déception vitale ait pris pour lui comme un caractère de fatalité, on n'aperçoit, fût-ce dans ses œuvres confidentielles, nulle trace de révolte ou même de récrimination. Rien n'est plus éloigné de son accent que l'espèce de rugissement satanique par lequel Byron et son école répliquent à la malédiction qui les accable. Il écrit dans *Henri Brulard*, en parlant de ses années les plus disgraciées : « Je n'ai jamais eu l'idée que les hommes fussent injustes pour moi », et le *Journal* contemporain, bien que le fond soit plein d'amertume, frappe par un ton d'acceptation courageuse. Le bonheur, sans doute, est le but unique de l'homme, mais à aucun homme le bonheur n'est dû. Au reste, tel que Stendhal le conçoit, il n'emprunte rien au dehors et doit être acquis par les seules ressources individuelles. Ce n'est pas un présent de Dieu, lequel n'existe probablement pas, ni de la nature, ni de la société, indifférente ou malfaisante par principe vis-à-vis de l'élite qui se dérobe à ses lois, mais une pure création intérieure, le fruit mûri, par les énergies profondes de l'âme. Dès lors, pourquoi s'en prendre à Dieu, à la nature, à la société, pourquoi se plaindre et requérir, pourquoi ces indignations vengeresses? Le bonheur ne tient qu'à nous-mêmes, et, s'il nous échappe, il n'en faut accuser que nous. De même qu'il était absurde de s'enorgueillir, il est puéril de se plaindre, et tous « ces soi-disant poètes » qui « vivent et meurent à la fois de leur soi-disant malheur », encourent l'épithète la plus sévère dont Stendhal puisse disposer. Il les trouve « souverainement ridicules ».

Stendhal s'élève ainsi au-dessus des lamentations romantiques, par l'effort de virilité que renouvellera plus tard un Vigny. Encore ce mot d'effort s'appliquera-t-il plus convenablement à Vigny, car on ne sent chez Stendhal nul travail sur soi-même, nulle tension stoïque. Rien ne lui est plus naturel que cette sobriété altière, ce mélange vraiment souverain de réserve et d'abandon. Quand, au début d'*Henri Brulard*, il embrasse d'un coup d'œil sa vie passée, — vie manquée et déjà proche de son terme, — l'amertume est absente, la mélancolie n'ajoute au récit qu'une nuance presque insensible, et l'impression qui domine est celle d'une sérénité aisée, presque souriante. L'attendrissement, qui se trahit et s'insinue malgré tout, fait la vertu poétique de l'œuvre ; mais son élégance réside dans cette dignité du cœur qui s'applique à ne jamais forcer la voix et surpasse l'émotion la plus aiguë. Pour soutenir une telle position sentimentale, une condition est nécessaire : c'est que l'échec de la vie ne paraisse pas correspondre à une injustice, — car on ne voit guère d'hommes à qui le sentiment de l'injustice subie ne laisse de l'amertume ou de la révolte, — et Stendhal en effet n'a jamais vu, dans son épreuve, l'effet d'une persécution ou le signe de l'iniquité. Il n'a jamais écrit le mot bonheur sur un billet qui dût s'acquitter à l'échéance. « Je n'ai pas cru que la société me dût la moindre chose. Helvétius me sauva de cette énorme sottise. La société paie les services qu'elle voit. » Stendhal ne s'indigne nullement qu'elle se refuse à payer les services cachés ou les mérites inutiles. Au reste, le rappel du nom d'Helvétius éclaire son cas d'une lumière suffisamment révélatrice. Ce qui l'a sauvé des faiblesses fécondes du romantisme, ce qui l'a soustrait à l'ostentation de la souffrance, à la morgue vaine des imprécations, qu'est-ce en effet, sinon le contrepoids de la méthode, la croyance persistante à l'efficacité de la logique, à la valeur de la volonté réfléchie ? Là gît la distinction essentielle : ce qui, chez les purs romantiques, est le tout, n'est, chez lui, qu'un élément, un aspect. Le romantisme a eu beau pénétrer Stendhal, il ne compose pas tout le beylisme. Dans l'autre plateau de la balance, les forces opposées subsistent et maintiennent l'équilibre, cet éternel et paradoxal équilibre entre des contradictions.

Si Stendhal réprime les langueurs et les vertiges auxquels les romantiques se livreront jusqu'à l'ivresse, c'est que la méthode instruit à s'examiner, à se corriger, à se guérir. Il sait, lui, tenir à jour ses comptes intimes et reconnaître ce qui est profit de ce qui est perte. Comment accepterait-il le désenchantement d'un Chateaubriand et d'un Byron, et tous ces dégoûts insolents d'anges déchus, alors que, depuis sa vingtième année, il a patiemment exercé sa volonté contre l'ennui ? Ses lettres à Pauline sont pleines de recettes contre l'ennui et l'on en pourrait tirer toute une méthode d'entraînement pratique. On l'entend, de même, tancer Mélanie Louason sur son abandon à la mélancolie, et la persuader que son mal — car c'est un mal — ne résisterait pas à un bon régime intellectuel. Le beylisme accoutume à dresser la balance des peines et des plaisirs, et les peines jugées les plus nobles n'en sont pas moins des peines, dont il faut, autant qu'on le peut, supprimer les causes ou limiter les effets. Eût-on lieu de se considérer comme un privilégié de la souffrance, il faut lutter pourtant contre elle, et l'on peut en venir à bout avec de la logique et du caractère. D'où procèdent les faiblesses et les misères extrêmes de Rousseau ? Rousseau « a manqué de beylisme », c'est-à-dire qu'il a consenti complaisamment aux excès de sa sensibilité et de son humeur, au lieu de réagir par toutes les énergies militantes de la raison. Stendhal n'adhère pas davantage à la répugnance romantique contre l'action, laquelle, pour contribuer au bonheur, doit offrir au sujet un objet entièrement digne, mais qui, même imparfaite, constitue un exercice sain. Il n'eût jamais dit, comme Rolla : « Un gagne-pain quelconque, un métier de valet... » Le mal du siècle, dont il est atteint, n'entame ainsi aucune des fonctions vitales, puisque son romantisme sentimental n'a pas entamé sa foi logique ou son idéologie pratique, et que, sur tous les points, la raison intacte réagit.

***

Mais précisément le romantisme, dès ses débuts, et pendant dix grandes années, se présente comme une protestation véhémente contre l'idéologie de l'Empire et la philosophie purement logique du XVIIIe siècle. Quand on parcourt les premières revues de l'Ecole, on y suit un long cri d'indignation contre ce bas esprit d'examen et de calcul, contre ces doctrines avilissantes qui ravalent l'individu à la matière ou à la machine, et qui ont failli tarir toute divinité dans l'esprit humain. Rien d'étonnant, dès lors, si, dans tous les ordres de questions qui comportent une solution positive ou que la méthode logique prétend à résoudre, beylisme et romantisme se trouvent en pleine contrariété, si, par conséquent, en matière politique, religieuse ou même esthétique, Stendhal se place aux antipodes du Cénacle. Avant 1830, c'est-à-dire avant que Stendhal lui-même eût quitté Paris et rompu le contact, les romantiques sont royalistes de droit divin. Ils entendent que la société française soit ramenée en deçà de 1789, et Napoléon, pour eux, se nomme l'Usurpateur ou Buonaparte. Tandis que l'opinion et la presse libérales, égarées par les souvenirs de Rome, soutiennent de tout leur pouvoir la cause classique, les novateurs littéraires sont encouragés par les gazettes *ultra* et par l'aristocratie bien pensante, et l'on assiste à ce spectacle, d'apparence paradoxale, dont Hugo s'étonne dans une de ses préfaces : l'art traditionnel protégé par les tenants de la liberté, et la révolution littéraire faisant cause commune avec la contre-révolution sociale. Stendhal, au contraire, fidèle à l'enseignement de Montesquieu, de Hume, de Beccaria, conserve en politique les vues d'un Constituant raisonnable. On ne le voit guère hésiter que sur un sujet : Napoléon, l'énormité du personnage ayant fasciné son imagination sans oblitérer pourtant son attention critique, et l'on trouvera dans sa *Vie de Napoléon*, dont Jean de Mitty a publié le premier les fragments, les curieux résultats de ces dispositions complexes. Mais il est invariable dans sa haine de la monarchie absolue et dans son admiration pour le travail révolutionnaire. Il souhaite, ou bien la République, ou bien la royauté constitutionnelle, appuyée sur une opinion libre et sur un Parlement doté de pouvoirs réels. Le régime orléaniste, qui aurait pu le contenter en théorie, ne choqua pas seulement chez lui le sens de la dignité française ; il blessa ses convictions de démocrate en ce qu'il essayait de ruser avec les libertés consenties, et de restaurer sournoisement la Restauration.

A cet égard, le désaccord entre Stendhal et le romantisme ne s'accuse, il est vrai, que pour une période de temps limitée. Il correspond au premier état de l'Ecole, à l'époque où, dans son retour emporté contre le matérialisme et le prosaïsme du siècle passé, elle prenait en toute matière le contre-pied de ses doctrines. Après 1830, ses chefs les plus importants devaient procéder peu à peu aux ventilations inévitables. Ils cessèrent de mettre une technique révolutionnaire au service de la réaction politique et retrouvèrent ainsi, par un long détour, le système d'opinions libérales — l'épithète étant prise dans son acception ancienne — dont Stendhal ne s'était jamais départi. Mais en matière religieuse, rien ne vint combler la séparation. Le romantisme qui, dans le début, s'était résolument dévoué à la rénovation catholique, Chateaubriand tenant le rôle d'inspirateur et Lamennais celui de directeur d'âmes, dénoua sans doute son attache avec l'autel comme son lien avec le trône. Il interrompit sa profession orthodoxe ; l'adhésion à une foi définie se changea peu à peu en une confuse aspiration, mêlée de croyance et d'inquiétude. Cependant, le besoin religieux persista jusqu'au bout. On le retrouve dans la foi toute personnelle qu'un Hugo confectionne à son usage ; on le retrouve dans la philosophie et dans la morale des grands romantiques, fondées l'une et l'autre sur l'immortalité de l'âme et la conscience impérative du devoir ; on le retrouve même dans leur façon de douter. Tout compte fait, ils ne renièrent jamais leur horreur pour le hideux sourire de Voltaire, c'est-à-dire pour l'incrédulité quiète ou la négation sardonique. Chez Stendhal, au contraire, toutes les formes de l'esprit religieux font tranquillement défaut, le doute comme la croyance. Nulle aspiration vers un idéal divin, nulle inquiétude morale : l'affirmation catégorique en morale, la négation péremptoire en matière religieuse rentrent dans son système positif. On peut trouver chez lui de l'inquiétude, de l'exigence idéalisée, mais seulement dans la direction que nous avons indiquée à tant de reprises, pour tout ce qui ressortit à l'émotion, à la satisfaction sentimentale, à la recherche individuelle du bonheur. Sa sensibilité seule est idéaliste ; morale et religion dépendent exclusivement de son rationalisme critique. Ce sont là questions que la méthode résout, et, dès que la connaissance est possible, le trouble de l'esprit ne se conçoit plus.

En matière esthétique, le contraste a besoin d'être établi de plus près, car Stendhal passe communément pour un des précurseurs et même pour un des théoriciens du romantisme littéraire. Il est vrai que son *Racine et Shakespeare*, écrit de 1823 à 1825, au plus fort de la bataille, a devancé la préface de *Cromwell*, que la bonne moitié de ce pamphlet-manifeste est une réplique au réquisitoire dressé en pleine Académie, contre les novateurs littéraires, par un ultra-classique dont le nom même est oublié. En apparence, il est bien l'allié du Cénacle et combat pour lui. Cependant l'application des principes généraux du beylisme permet sans peine de préciser, et, par là même, de distinguer. En réalité, le beylisme ne s'accorde avec le romantisme que dans sa part critique et polémique. L'art dépendant du domaine sentimental, et l'objet de l'art, selon Stendhal, étant de procurer du bonheur, ou, ce qui revient au même, de susciter des émotions intenses, il partage l'animosité romantique contre la littérature purement intellectuelle de Boileau et de Voltaire. Durant les deux siècles classiques, à peu d'exception près, les écrivains visent à convaincre ou à plaire, non à toucher. Les plus grands d'entre eux provoquent l'admiration, qui est un sentiment froid et presque une idée, alors qu'il faudrait parler au cœur, faire couler des torrents de larmes, créer chez le lecteur ou le spectateur ces états d' « illusion parfaite » qui sont les moments exquis de l'art. D'autre part, le rejet du principe d'autorité étant la base fondamentale du beylisme, Stendhal s'associe tout naturellement à la campagne entreprise contre des principes tout faits, contre « des règles boiteuses » qui peuvent tout au plus servir d'oracle « à des artistes perroquets ». Un La Harpe, pendant vingt ans, a fait la loi à la France et peut-être étouffé deux ou trois génies originaux ; les Académies continuent à légiférer au nom d'Aristote ; les trois unités sont enseignées comme les maximes sacro-saintes d'un droit littéraire. Vis-à-vis de ce code du goût il faut se délivrer de tout respect, de toute obéissance et procéder selon la méthode connue : faire place nette par un scepticisme préalable, observer, comparer, se fier aux découvertes de sa seule raison.

Quels sont les résultats immédiats de cette recherche empirique ? Que l'idée du beau, comme toute autre idée, est élaborée par les sens ; que, par suite, il n'existe pas de beauté absolue ni de canons invariables de la beauté. Le concept du beau varie, comme les formes de l'amour, selon les races, les climats, les époques, les régimes de gouvernement. Il varie même selon les individus, puisque l'effet propre de la beauté est d'apporter aux sens une promesse de bonheur et que les conditions du bonheur sont tout individuelles. Le talent vrai ressemble « à ce papillon des Indes qui prend la couleur de la plante sur laquelle il vit », et l'on ne peut jouir sincèrement d'un talent qui ne nous livre pas « l'extrait de ce qu'on aime », qui n'est pas nourri des mêmes agréments, des mêmes inclinations sensibles, des mêmes aspects de la nature par lesquels nous sommes nous-mêmes séduits. On en pourrait déduire que les disputes littéraires sont parfaitement vaines, puisqu'elles reposent en fin de compte sur des contrariétés de goûts — le mot goût étant pris dans son sens physique — et qu'on préfère Racine ou Shakespeare comme on préfère les asperges ou les petits pois. Ces disputes seraient vaines en effet si la mode, la prévention, l'influence despotique de certaines théories ne créaient en nous des goûts factices qu'il s'agit précisément d'extirper. Un loyal examen de conscience nous convaincra que l'idéal antique nous est étranger, que nous sommes indifférents aux vertus qu'il exalte, qu'il ne répond ni à nos passions actuelles, ni à notre sens moderne de l'utilité. Sans remonter si haut, n'est-il pas clair que la société de la Restauration n'offre rien de commun avec la société du temps de Louis XIV, que les conditions d'existence, les ambitions, les rapports de classes, les source d'émotions, les ridicules, qu'en un mot tout ce qui fournit sa matière à l'écrivain a, dans cet espace de cent cinquante ans, subi une transformation radicale ? La seule Révolution a si profondément bouleversé la France que, de 1780 à 1820, le type même du sot a changé. Notre conception du beau diffère donc nécessairement de celle d'un Sophocle ou d'un Racine. L'erreur absurde des classiques est de méconnaître ce caractère sensualiste et relativiste de la beauté, de ne pas tenir compte de l'évolution des goûts qui suit l'évolution des mœurs, de nous condamner à la répétition indéfinie des mêmes chefs-d'œuvre, qui pourtant n'ont été chefs-d'œuvre que parce qu'ils exprimaient les mœurs de leur temps, et qui n'ont plus rien de commun avec le nôtre.

Voilà le procès des classiques dûment dressé. Et, comme au terme de classicisme s'oppose tout naturellement celui de romantisme ou de « romanticisme », Stendhal est conduit, par sa propre discussion, à se proclamer « romanticiste ». Mais on voit pourtant quelle acception particulière le mot prend dans sa polémique. Romantisme, pour lui, signifie en effet modernisme, « actualisme » ou même, en un sens, réalisme. Or, si le romantisme est simplement « l'art de présenter au peuple les œuvres littéraires qui, dans l'état actuel de leurs habitudes et de leurs croyances, sont susceptibles de leur donner le plus de plaisir possible », il s'ensuit que Sophocle et Racine ont été romantiques de leur temps, ce que Stendhal accorde d'ailleurs de la façon la plus expresse. Tous les grands écrivains, quels qu'ils fussent, mériteraient même cette qualification, et le classicisme, au lieu de correspondre à une forme d'art définie, possédant ses lois et ses procédés propres, ne signifierait plus que l'imitation servile des formes d'art périmées. On sait suffisamment que, pour la génération qui suit Chateaubriand, le conflit s'engage sur un terrain moins étroit et correspond à des dissentiments plus graves. D'autre part, le romantisme, à ses débuts tout au moins, est de tendance archaïque plutôt que moderniste, puisque, par delà deux siècles de raison froide, il veut rejoindre les sources ardentes de la poésie et de la foi. L'esprit gothique ou chevaleresque l'anime et l'édifice qu'il veut bâtir est tracé sur le modèle des cathédrales.

Ces courtes indications doivent suffire à persuader qu'en dépit d'une critique commune et de coïncidences apparentes, les théories littéraires ne forment pas le vrai point de contact entre Stendhal et l'Ecole. Nous verrons, par exemple, Stendhal recommander aux jeunes écrivains les sujets tirés de l'histoire nationale ; nous le verrons désigner Shakespeare comme le meilleur des modèles. Mais pourquoi ? Par le double motif, nettement spécifié, que les antiquités historiques correspondent au goût propre de l'an 1823, et qu'il existe, entre l'Angleterre du temps d'Elisabeth et la France de la Restauration, des analogies fortuites, mais assez profondes pour justifier une notion commune du beau. L'imitation de Shakespeare et le choix de sujets nationaux procéderaient ainsi l'un et l'autre de cet « actualisme » qui fait le fond du système. Les vrais romantiques, au contraire, exaltent Shakespeare pour des raisons que l'on peut dire indépendantes du temps et de l'espace. Dans les grands génies du passé, comme dans la vie des nations ressuscitée par l'histoire, ils tentent de retrouver ces inspirations éternelles, ces courants permanents de la passion et de la pensée qu'ils ont l'ambition de prolonger. Dans la vie moderne elle-même, leur poésie isole les éléments les plus généraux, ceux qui sont communs à tous les hommes et ne dépendent du moment que par leur intensité ou leurs modalités particulières, alors que Stendhal recherche ce que les scolastiques nommaient l'idiosyncrasie, c'est-à-dire les caractères propres à chaque individu et qui le font discernable de tout autre. Ils rendent lyriquement ces thèmes universels, c'est-à-dire qu'ils en fournissent, par la résonance des mots et la vertu évocatrice des images, l'expression la plus communicative et la moins déterminée, alors que Stendhal s'attache à la traduction la plus précise, la plus spéciale, la mieux définie. Beylisme et romantisme veulent également parler au cœur, mais on voit assez qu'ils ne lui tiennent pas le même langage. Dans sa haine de l'emphase, des grandes attitudes et du grand style, Stendhal porte contre la poésie elle-même une condamnation sans appel. Si l'alexandrin classique n'est, à ses yeux, qu'un « cache-sottise », le lyrisme romantique sert à couvrir le vide et le vague des lieux communs sentimentaux. Il entend que le théâtre régénéré use exclusivement de la prose, et lui-même, comme le remarquait récemment un critique plein de vues, M. Albert Thibaudet, emploie la prose la plus prosaïque qu'ait connue notre littérature, la plus volontairement purgée de toute influence poétique. Son style peut produire une commotion d'ordre poétique par la masse des émotions condensées, mais il rejette tous les procédés d'expression que la prose emprunte couramment aux vers : images, rythme, périodes euphoniques, alliance de mots propres à saisir l'imagination. Sa préoccupation unique est de délimiter et définir exactement l'objet à peindre, d'atteindre chez le lecteur le point sensible, par l'exactitude et la personnalité de la touche. Romantique par sa vision de l'amour et du bonheur, par sa conscience de la solitude personnelle, par la révolte contre la tyrannie des règles et la permanence des formes, il se sépare ainsi de l'Ecole par toutes ses opinions réfléchies et toutes ses préférences d'écrivain. Anticlassique, sans doute, mais antilyrique et antireligieux, au sens que Lamartine et Hugo n'ont cessé d'attacher à ce terme. Nous l'avons dit déjà : les deux courants du XVIIIe siècle restent confondus en lui : le courant Voltaire, que les romantiques essaient obstinément de faire refluer ; le courant Rousseau, qu'ils continuent, mais tout teinté de christianisme à travers Chateaubriand, — tandis que, chez Stendhal, l'aspiration passionnée ne dépasse pas l'individu et que la sensualité même est irréligieuse.

V

ESQUISSE D'UNE HISTOIRE DU BEYLISME

La conciliation qu'offre le beylisme entre le siècle passé et le siècle qui s'ouvrait, n'avait, dans le premier moment de la lutte, aucune chance d'être acceptée. Stendhal demeura donc à l'écart du champ de bataille, dans une position qui n'est pas sans analogie avec celle de Benjamin Constant, ou avec celle de cet Henri de Latouche qu'il serait temps d'étudier de plus près, car nous savons en vérité trop peu de chose sur l'homme qui a découvert André Chénier et que Marceline Desbordes-Valmore a aimé [1]. Non seulement, il n'eut pas de liaison personnelle avec les romantiques de la première génération, mais il s'exprime à leur sujet avec une animosité persistante. Ses jugements sur Lamartine et sur Hugo sont connus. Les futurs Jeune-France étaient, à ses

---

[1]. Latouche représente, avant 1825, le romantisme libéral et libre penseur, en lutte avec les tendances royalistes et catholiques du Cénacle. Il a traité, à un an de distance, le même sujet bizarre que Stendhal. L'*Olivier*, de Latouche, est de 1826; *Armance* de 1827. Ajoutons ce trait curieux qu'entre Latouche et Stendhal, George Sand avait perçu une ressemblance physique.

yeux, des « niais importants de journal qui portent leur tête comme un Saint-Sacrement ». Il écrit dans son *Journal* (mars 1813) : « Chateaubriand ne pense pas. Cet homme *shall not outlive his century*. Je parierais qu'en 1913 il ne sera plus question de ces écrits. » Dix ou quinze ans plus tard, il persiste à envelopper dans les mêmes accusations dédaigneuses — fatras, ronron niais, appel au bas romanesque — Chateaubriand, d'Arlincourt ou Marchangy. Il ne distingue pas entre le maître et les plats simulateurs ; tous lui semblent des rhéteurs vides, « des Balzac », et il s'agit de Guez de Balzac, comme on le suppose. Les romantiques lui renvoient d'ailleurs son dédain. Ils le tiennent pour un homme d'esprit, au sens de Duclos par exemple, et rien autre chose. Le mot esprit qui, même dans la langue du XVIIIᵉ siècle, est simplement synonyme de talent, commençait à prendre son acception actuelle : ironie, légèreté paradoxale, combinaison piquante des idées ou des formules. Mais le romantisme a le mépris de cet esprit-là, presque l'horreur, et dirait déjà, comme Baudelaire : « L'esprit me fait mal. » Seuls quelques disciples, ceux chez qui persistait l'attache avec le XVIIIᵉ siècle voltairien, et qui, par là même, devaient tôt ou tard faire dissidence, paraissent en état de saisir le charme stendhalien. Musset aurait pu l'aimer, Musset que Stendhal se flatte presque d'avoir découvert et qu'il exceptait de la condamnation générale portée contre les nouveaux poètes. Mérimée et Sainte-Beuve l'eussent compris s'ils n'avaient été égarés par les apparences trompeuses de l'homme, et surtout par l'idée de leur propre supériorité sur cet aîné trop négligent et trop fantasque. Avant la mort de Stendhal, le seul document français où la grandeur de son œuvre soit marquée, la durée de son nom pressentie, est l'article fameux de Balzac, d'Honoré de Balzac, sur *la Chartreuse de Parme*. Cependant, le vieux Gœthe, toujours attentif aux grands phénomènes de la culture européenne, faisait lire à ses amis *Rome, Naples et Florence* et confiait au fidèle Eckermann son admiration pour *le Rouge et le Noir*. « Une grande observation, un profond coup d'œil psychologique... Il attire, il repousse, il intéresse, il impatiente, et, en fin de compte, on ne peut se séparer de lui... »

Le fracas de la bataille, l'éclat absorbant des grands et des faux génies firent de sa disparition un événement obscur, presque ignoré. La *Revue des Deux-Mondes*, où il avait publié la plupart des *Chroniques italiennes*, lui consacra, en manière de nécrologie un peu tardive, l'amicale et clairvoyante étude d'Auguste Bussière. Mais l'article de Bussière resta sans écho [1], et, quelques années plus

---

1. M. Adolphe Paupe n'a pu retrouver, comme articles contemporains de la mort de Stendhal, que deux chroniques du *National* et du *Courrier français* et une notice de la *Gazette du Dauphiné*. L'article du *Courrier français*, signé d'un nom oublié (Paul Merruau), est remarquable.

tard, vers 1850, l'oubli pouvait sembler irréparable, quand une suite d'événements singuliers vint brusquement changer le sort. La réparation ne vint pas de la critique, qui cependant, hostile ou favorable au romantisme, aurait également pu trouver son lot dans cette œuvre double. Elle vint de l'Université, et le nom qui devrait rester lié à cette aventure est celui d'un maître de conférences à l'Ecole Normale, Paul Jacquinet. Par quelle rencontre Jacquinet, qui professait à l'Ecole la langue et la littérature française, avait-il connu les romans de Stendhal, que personne ne lisait plus ? par quelle correspondance intime en avait-il perçu l'attrait ? C'était un homme jeune, ou très proche de sa jeunesse, n'ayant dépassé la trentaine que de peu. Imaginons, pour rester dans le romanesque, quelque analogie secrète entre sa jeunesse et celle de Julien Sorel [1]. Toujours est-il qu'il voulut communiquer à ses élèves sa prédilection. *Le Rouge et le Noir*, *la Chartreuse* circulèrent donc, sous la caution du maître, parmi les promotions de 1847 à 1849, lesquelles comptaient, comme on sait, entre leurs membres, J.-J. Weiss, Prévost-Paradol, Sarcey, Edmond

---

[1]. Désireux d'éclaircir le cas Jacquinet, nous nous sommes adressé à M. Paul Dupuy, le secrétaire général de l'Ecole Normale, et le plus riche dépositaire de ses traditions. Il nous a renvoyé à une notice d'Octave Gréard, publiée dans l'*Annuaire* de la Société des anciens élèves, et qui ne contient aucun renseignement ou même aucune suggestion utile. Il est piquant d'ajouter que Jacquinet fût après 1851, à l'Ecole Normale, un des agents les plus énergiques et les plus intolérants de la réaction antilibérale.

About, et, avant tous, Hippolyte Taine. La semence était déposée dans un riche terreau; elle germa avec une rapidité et une force extraordinaires. Une trentaine de jeunes gens d'élite, vivant et pensant en commun, cristallisèrent à la fois, comme l'a dit joliment Sarcey, pour ces chefs-d'œuvre méconnus qu'ils se jurèrent d'imposer au monde. Qu'on se reporte à cette lettre du même Sarcey, datée de l'Ecole et qu'a publiée M. Adolphe Brisson : « M. Jacquinet m'avait dit, l'année dernière, que *la Chartreuse* était un chef-d'œuvre ignoré... Aujourd'hui, je suis de son avis : c'est un livre admirable... Je me suis juré que tous mes camarades, toutes mes connaissances, toutes les dames que je rencontrerais au bal liraient *la Chartreuse,* ou, du moins, en entendraient parler. Il faut nécessairement qu'un aussi bel ouvrage arrive à la gloire... Nous l'avons répandu et popularisé à l'Ecole; il faut poursuivre cette bonne œuvre au dehors. » Sarcey et ses amis poursuivirent en effet cette bonne œuvre. « Au sortir de l'Ecole, nous nous sommes répandus dans le monde. Quelques-uns de nous sont arrivés, d'un train plus ou moins rapide, à la célébrité. Nous avons tous travaillé à propager les livres et le nom de notre auteur bien-aimé. Taine a été l'un des ouvriers les plus actifs de cette réhabilitation... » Nul doute que la gloire posthume de Stendhal ait été l'œuvre de cette conspiration normalienne. Admettons que, dans ce zèle militant, il soit entré tout d'abord, en même temps que de la complaisance à un maître, quelque secrète pensée d'orgueil. C'est une attitude flatteuse que de s'en aller « comme saint Paul, répandant la bonne nouvelle d'un génie retrouvé ». On tire quelque fierté juvénile d'une admiration dont on détient le privilège, et toutes les générations ont connu de ces orgueilleux enthousiasmes, souvent imprudents, et plus souvent passagers. Mais il fallait bien cette fois que l'enthousiasme fût sincère et répondît à des sentiments profonds pour qu'il ait si fermement persisté. Le jeune Prévost-Paradol, débutant dans le journalisme, signe du pseudonyme de Sorel les premiers articles qu'il donne à la *Liberté de pensée*, mais Taine, à la fin de sa vie, relit encore *la Chartreuse* une fois par an, pour le moins.

Il semblait donc que Stendhal eût rencontré son public et les conditions d'où dépendait l'intelligence de son œuvre se trouvaient réalisées, au moins en partie, dans le groupe auquel Taine et Paradol appartenaient. Stendhal est si personnel, si confidentiel qu'on ne peut pénétrer en lui que par la sympathie, c'est-à-dire par la conscience de quelque similitude. Ses livres ne possèdent pas ce caractère de grandeur qui s'impose universellement à l'esprit et force l'admiration, même étrangère. Etranger à lui, on ne conçoit pas que d'autres puissent l'admirer. Il faut l'aimer, se confondre avec lui, ou du moins se reconnaître parfois en lui. Chez Taine et ses condisciples, cette parenté intime apparut en effet pour la première fois. Weiss ou About sont des voltairiens ; Taine est, par essence, l'interprète et le généralisateur des méthodes expérimentales. Tous, comme Stendhal, se rattachaient à la pensée critique et rationaliste du XVIII° siècle. Contre le romantisme et contre les systèmes spiritualistes qui en sont issus, ils entendaient restaurer la logique claire, la connaissance précise et définie fondée sur l'observation du réel. Ils étaient saturés de lyrisme, excédés de ces vagues sentimentalités qui plus tard, par contre-coup, devaient provoquer l'impassibilité parnassienne. Comment n'eussent-ils pas subi l'attrait d'un homme qui, dans l'expression des sentiments les plus ardents, gardait de la précision et de l'esprit, qui composait un caractère avec des faits, non pas avec des épithètes ou des images, qui, surtout, prétendait appliquer à l'étude de l'homme moral la même rigueur méthodique qu'à l'observation de l'homme physique ou de la nature inanimée ? Cette confusion préméditée entre la vie spirituelle et la vie matérielle devait saisir le puissant penseur qui voulut fonder comme sciences positives la psychologie et la critique. Taine retrouvait chez Stendhal sa religion du fait, religion encore un peu vague, mais dont certains rites cependant devaient se transmettre d'une œuvre à l'autre. Ce fut de Stendhal, autant que de Spinosa, qu'il apprit à envisager « la nature et la logique des idées », à ne pas considérer les passions, les dons et les œuvres de l'esprit comme un empire dans un empire. L'idée de la mécanique mentale, la théorie des milieux sont ébauchées dans l'œuvre stendhalienne sous la forme même où Taine les achèvera, et l'on ne saurait concevoir, à l'appui de la thèse déterministe, d'exemple plus probant que cette histoire du lieutenant Louaut [1] dont Taine recommandait la lecture à ses amis, et que Stendhal n'osa pas offrir à la *Revue de Paris*, « craignant que le directeur de cette feuille n'eût peur de M. Cousin ».

Dans leur goût de l'exactitude, de la netteté prosaïque, les élèves de Jacquinet vont jusqu'à vanter le style de Stendhal. Sarcey déclare que *la Chartreuse* est un livre « admirable de style ». Taine s'imprègne de cette « manière étonnante ». En 1852, à Poitiers, rédigeant les thèses de doctorat qu'allait refuser la Sorbonne impériale, il appliquait à son usage la recette connue de Stendhal et prenait le Code civil « pour modèle idéal ». Balzac s'était montré plus sévère, et les critiques modernes devaient renchérir sur sa rigueur. De nos jours, il paraît communément admis que Stendhal « écrit mal », et le reproche est si courant que ses plus véhéments admirateurs éprouvent quelque embarras à l'en justifier. Il est vrai qu'il rédige hâtivement, comme un homme que l'idée presse, qui, pour suivre le fil griffonne au plus vite sur le premier chiffon de papier venu. Il n'écrivait que dans

---

1. Lettre à Sutton Sharpe, du 28 décembre 1829.

l'ardeur d'une émotion ou d'une vue ; sitôt l'étincelle passée, les mots n'étaient plus pour lui que des mots et il répugnait au maniement tranquille de cette matière refroidie. Il n'a jamais su se corriger, et il aimait mieux recommencer que se relire. C'est pourquoi son vocabulaire est pauvre ; il s'en tient au mot immédiat, lequel n'est pas toujours le plus juste ; ses qualificatifs demeurent souvent vagues, inertes. Il écrit : « la pendule superbe du brillant salon où j'étais ». Il parle tour à tour d'un Voltaire « supérieurement relié » et de sa maîtresse « supérieurement bien faite ». Certaines épithètes sont accolées si régulièrement à leur sujet qu'on les nommerait homériques n'était leur banalité : les hommes sont des hommes d'esprit, les femmes de charmantes femmes, les Français d'aimables Français. Accordons aussi les répétitions, la lourdeur ou la monotonie élémentaire de la syntaxe, la chute incertaine des phrases. Toutes ces négligences ou ces pénuries expliquent suffisamment le mépris des romantiques et des parnassiens, l'antipathie d'un Flaubert, la sévérité des critiques grammairiens et des critiques artistes. Taine, qui connaît ou qui pressent ces reproches, répond péremptoirement que le bon goût ne consiste pas « à mettre des enluminures aux idées », que « la nudité du style, la haine des métaphores et des phrases imagées sont des qualités », que l'objet unique de l'écrivain est de faire percevoir clairement l'idée à travers les mots et que, « au fond, la suppression du style est la perfection du style ».

Ces formules, qui procèdent de la haine du verbalisme et de la confusion tenace entre la science et l'art, eussent assurément enchanté Stendhal. On serait tenté pourtant de le défendre contre cette imprudente apologie. Dans un passage du *Journal*, lui-même nous a confié ses scrupules et ses tourments d'écrivain. Souvent, dit-il, il ne parvient à livrer que le contour des choses et en laisse échapper « les nuances fines, le profond, le meilleur », parce que les termes manquent et qu'il faudrait des heures pour plier à cette expression une langue pauvre et rebelle. Et il est vrai, d'une part, que la rareté et l'ambiguïté des mots rendent malaisée dans notre langue toute notation psychologique un peu fine, d'autre part que, le contenu des émotions n'étant pas fixé par la mémoire comme celui des idées ou des images, l'écrivain sentimental est tenu de saisir l'instant et de s'en remettre à une sorte d'inspiration immédiate. Mais la traduction claire de l'émotion n'en représente pas moins un travail d'art, n'en implique pas moins un don d'écrivain et même de styliste, puisque la clarté de l'expression, sa vertu communicative dépendront le plus souvent de l'emploi d'un mot ou d'une tournure grammaticale. Stendhal en convient malgré lui, quand il avoue son effort et sa peine à transporter dans des mots la matière intacte de sa pensée, difficulté qui ne s'oppose qu'à l'écrivain artiste et qui est le fondement même de l'art d'écrire. Cette difficulté, Stendhal la résout avec une sûreté presque constante, et c'est en quoi il faut le tenir pour un bon, ou même pour un grand écrivain. Les pauvretés de vocabulaire ou de syntaxe, le manque de polissage sont les conséquences forcées de sa manière, qui exclut tout travail après coup ; elles représentent, si l'on peut dire, des licences d'inspiration. Mais Stendhal est un inspiré, non pas un improvisateur. Il ne se jette sur son papier que lorsque l'émotion à rendre a gagné son point parfait de maturité. Il écrit alors, malgré lui, pour son soulagement et sa joie, et il faut bien qu'un don d'écrivain l'habite, puisque les mots qu'il choisit font passer en nous la secousse, puisqu'il parvient, avec une justesse divinatrice, à émouvoir le lecteur favorable dans la direction, dans la mesure, dans la teneur exacte où lui-même était ému.

Ce sont aussi des qualités d'écrivain que cette aisance souveraine du ton, cette présence continuelle et charmante, cette élégance qui rehausse et surpasse tous les sujets, ce piquant de l'esprit qui jamais ne lasse ni ne blesse. Voilà des mérites qui n'ont rien de négatif, et qui feront convenir, contre Taine, que le style de Stendhal est autre chose qu'une absence de style. Mais il demeure exact, en un sens, que la parfaite simplicité de sa manière a tout à la fois différé et consolidé son succès : « Supposez un jeune littérateur plein d'esprit, débutant aujourd'hui à Paris, et osant écrire en style simple, comme Voltaire. Il serait comme une femme arrivant sans rouge dans un salon où toutes en portent. » Du vivant de Stendhal, tout le monde, ou peu s'en faut, portait du rouge, et c'est pourquoi son style parut incolore et plat. Mais un moment vient où l'on se fatigue du fard, où les yeux trouvent de l'agrément et du répit à se poser sur la fraîcheur naturelle d'un visage. Taine et ses amis, encore éblouis du romantisme, ont senti ce soulagement, que devaient retrouver, trente ou quarante ans plus tard, de jeunes écrivains fatigués par les débauches polychromes du Parnasse. L'absence de qualités plastiques et de musicalité, le rebut volontaire de toute enluminure devinrent pour eux, non seulement des mérites, mais des charmes. C'est grâce à cette nudité que le style de Stendhal n'a point vieilli, qu'il a pu, par delà les années, rattraper son public véritable. Certains fragments de son œuvre datent aujourd'hui de plus de cent ans ; on pourrait les croire écrits d'hier. Le visage sans fard n'a pas une ride ; l'étoffe nue n'a pas une coupure et ne fait pas un pli. On peut penser aux maîtres du XVIII° siècle dont il s'est nourri, à Montesquieu, à Voltaire, et Taine a fait ce rapprochement tout naturel. Mais Stendhal dépouille et simplifie encore une prose si pure; il la débarrasse de ses agréments, de l'ironie courte, scintillante, presque mécanique, de tout ce brillant qui peut passer, et qui nous semble, en effet, quelque peu éteint. Son style est extra-temporel, si l'on peut dire, et n'a rien à redouter de la mode non plus que du temps. Tandis qu'à certains moments du siècle la prose de Chateaubriand ou celle de Flaubert semblaient factices et pesantes, le style de Stendhal a défié ces beaux revirements de fortune. Pour qui l'a goûté, pénétré, il semble en quelque sorte indémodable. Il ne flatte ni ne contrarie aucune habitude esthétique, aucune préférence d'école ; il peut satisfaire également les écrivains les moins assortis par leur manière personnelle. Si Stendhal a pu devenir, à l'intérieur d'une même génération, le point de contact, le lieu commun où venaient se rencontrer toutes les tendances diverses, c'est, dans une large mesure, par la vertu de ce style si dédaigné.

*
* *

Sarcey l'a dit avec raison : personne n'a travaillé plus efficacement que Taine à la gloire de Stendhal. Personne ne l'a loué avec des expressions plus grandes et plus magnifiques. L'étude réimprimée dans les *Nouveaux essais de Critique et d'Histoire,* la phrase des *Philosophes français* : « Stendhal, le plus grand psychologue des temps modernes et peut-être de tous les temps... », le passage fameux de l'introduction à l'*Histoire de la Littérature anglaise* sont des panégyriques auxquels on ne saurait rien ajouter. Taine fut invariable dans cette admiration, — sauf, à la fin de sa vie, quelques réserves d'ordre moral que nous avons indiquées, — invariable et infatigable : « Là-dessus, je suis comme Nestor, je parlerais un an... » Il a perçu, peut-être même au delà de l'équité, tant il était saisi par l'identité avec sa propre pensée, ce qu'il y a de fécond et de créateur dans les vues méthodiques du beylisme. Il a compris pourquoi Stendhal traitait les émotions en matière de science, et comment il les transformait en matière d'art ; comment il passait de la notion empirique du fait à la notion esthétique. Il a aimé ces visions raccourcies, ces traits et ces mots qui enferment tout un contenu d'âme, cette maîtrise abrupte qui sait, quand il le faut, rompre les chaînes, qui prête l'accent de la liberté, de la vérité fortuite et aventureuse, à des sentiments si fortement mécanisés. Ni le système ni l'art de Stendhal n'ont jamais trouvé de juge plus pénétrant, plus prévenu dans l'admiration. Mais à l'accord intellectuel et artistique, s'est-il adjoint, comme il le fallait, la parenté intime ? Taine et sa génération ont-ils pénétré cette sensibilité stendhalienne qui est aux antipodes du système mental, ou même du procédé artistique ? Au-dessous du rationalisme antiromantique, ont-ils retrouvé ce romantisme latent qui le baigne et que nous avons cherché tenacement à tirer au jour ?

Ici encore, ici surtout, la pleine intelligence exigeait la similitude des formations et des états. Le romantisme de Stendhal, n'étant ni moral ni lyrique, ne correspond pas à des états généraux et permanents de la sensibilité. Il est, si l'on peut dire, fonction de certaines nuances de sentiment et de certaines contingences sociales. L'écrivain a déterminé d'avance son futur public, et c'est la vie même de Stendhal qui fournit la loi des véritables amitiés stendhaliennes. Comme il n'a traité, sous des fictions multiples, qu'un seul sujet, l'apprentissage du bonheur, il fallait, pour nouer la complicité sentimentale, des jeunes gens, ou des hommes qui eussent pris liaison avec lui dès leur jeunesse, ou pour le moins des hommes qui eussent été jeunes et se souvinssent de l'avoir été. Nous l'avons vu : ainsi que Musset et pour les mêmes raisons, Stendhal ne s'accorde pleinement qu'avec une période déterminée de la vie. On lui demeure étranger, ou bien on glisse à la surface de son œuvre, si l'on n'a pas retenu quelque chose de cet émoi, si quelque candeur fragile d'enthousiasme et de chimère ne reste mêlée encore au développement de la raison ou n'a pas survécu à l'expérience. Un tel état d'inquiétude et de naïveté conquérante est ordinairement procuré par l'éducation livresque, par l'ignorance prolongée du monde où l'on se trouvera brusquement introduit. Il fallait ainsi que ces jeunes gens, comme Stendhal lui-même, eussent été formés par l'unique influence des livres, que, de leurs lectures favorites et de leurs rêveries solitaires, ils eussent tiré quelques visions romanesques de la vie. Mais le drame intime du beylisme est le conflit d'un individu donné avec une société donnée, et, pour qu'il pût se jouer à nouveau, les deux antagonistes étaient pareillement indispensables. Au retour d'individus semblables, et envisageant la vie sous le même jour, devait s'ajouter la reconstitution d'une société analogue. Il fallait donc encore que la confiance des futurs disciples passât par une épreuve particulière, que les mirages du monde, combinés par la logique illusoire de l'imagination, fussent heurtés par certaines réalités sociales. Il fallait qu'une société ambiguë les appelât sans les accueillir, encourageât leur attente avant de la décevoir et de la meurtrir, renouvelât pour eux, en un mot, l'expérience que Stendhal a lentement subie : se sentir attiré par de grandes promesses et par une apparente facilité, se sentir blessé par de petits mépris et par une répugnance foncière, dépendre par la susceptibilité, la crainte du ridicule et l'appétit même du bonheur d'un monde auquel on a fini par se reconnaître étranger.

Taine et ses amis ont connu Stendhal en pleine jeunesse, en pleine ardeur de croissance. Provinciaux ou petits bourgeois parisiens, ils avaient grandi en dehors de toute culture mondaine ; les livres avaient été leurs seuls démonstrateurs de vie, et, s'ils avaient rêvé de succès, de bonheur ou de puissance, les romans seuls auraient pu nourrir ces rêves incertains. D'autre part, la société qui se développait autour d'eux présentait, comme au début du Consulat et de l'Empire, ce caractère de confusion propre aux époques post-révolutionnaires. Les journées de 1848 n'avaient pas seulement renversé un régime politique : elles avaient ébranlé l'ordre social. L'inquiétude était commune à toutes les classes, et les coalitions paradoxales qui se nouaient entre les partis brouillaient provisoirement toutes les hiérarchies. Plus encore que le monde vrai, le monde imaginaire où ces jeunes gens avaient vécu était empreint de troubles et secoué de violents mélanges. Presque tous, avant d'entreprendre Stendhal avaient subi l'influence de Balzac, toute-puissante de leur temps, et qu'il faut tenir d'ailleurs, même aujourd'hui, pour la plus sûre introduction à la connaissance du beylisme. La société que Balzac a construite de toutes pièces, et dont il a projeté l'image avec une puissance de visionnaire, se prêtait plus complaisamment encore que la société réelle aux prises ardentes, aux élévations soudaines. Histoire et roman semblaient ainsi composer le terrain le plus favorable à la culture de jeunes Julien Sorel. Tout semblait attirer leur appétit d'émotion, encourager leur énergie ombrageuse. Et, comme l'orage qui brouillait la surface sociale était passager, comme le monde balzacien n'était, à tout prendre, qu'une hallucination de génie, ils étaient destinés, sitôt l'appât saisi, au déchirement des déceptions inévitables.

Formation individuelle, structure sociale répondaient donc, à ce qu'il semble, aux exigences du programme. Un seul événement fit défaut : le contact effectif entre ces individus et cette société. De fait, le frottement ne s'établit jamais. Il ne paraît pas que, dans la génération de Taine, nul, sauf peut-être le malheureux Paradol, ait jamais franchi le fossé, tenté la fortune. Il faut croire que, dans leurs lectures d'adolescents, la part des romans et des vers n'avait pas été la plus forte. Les effets d'une éducation rigide s'étaient prolongés dans l'âge viril. L'habitude acquise les tint enfermés dans leur tâche professionnelle, et ils ne s'en laissèrent détourner ni par l'injustice, ni par le succès. Le métier, le travail furent pour eux la hiérarchie qui limite et protège, la caste dont on n'essaie pas de sortir. Se fussent-ils montrés plus aventureux, autre chose encore leur eût manqué pour renouveler l'histoire de Stendhal, par conséquent pour la comprendre. Durant les vingt années qui précédaient, le romantisme avait consommé trop de passion, de malaise, de mélancolie ; ils s'en trouvaient dépourvus d'avance par les prodigalités imprudentes de leurs aînés. Ils étaient sages, satisfaits, probablement heureux. La biographie de Taine, de Taine jeune homme, en fournit un exemple paradoxal. On sait quelle suite d'iniquités et de persécutions marquèrent son entrée dans la vie active, et ces souvenirs devaient rester la honte de l'Université impériale. Rejeté de parti pris au concours dont sa carrière dépend, suspect, traqué, réduit à vivre de leçons privées qui minent sa santé, Taine cependant se déclarait heureux entre ses livres, quelques amis et sa musique : « A part quelques contrariétés et inquiétudes inévitables, je n'ai rien à désirer. Je suis occupé d'une façon noble et élevée ; j'augmente mes connaissances ; je vis dans la science ; j'ai des amis, assez d'argent, peu de besoins. Que me faudrait-il de plus ?... »

Une telle sérénité n'a rien de stendhalien [1]. Les notes du *Journal*, écrites au même âge, dans la petite chambre vis-à-vis du Louvre, ne sont qu'un cri de tristesse intrépide, mais douloureuse. Nul doute que ce ton familièrement stoïque puisse s'expliquer par les raisons les plus nobles : la gravité du caractère, l'application à une tâche qui absorbe toute la volonté et qui est conçue comme l'objet unique de l'existence. Cependant, on y perçoit des traces de docilité, de prudence rassise qui révèlent, pour trancher le mot, le fond bourgeois. Taine et les jeunes hommes de sa génération sont, malgré tout, des satisfaits, et leur révolte contre les traditions « juste-milieu »

---

[1]. Elle souffre, pour tout dire, quelques exceptions, mais fort rares. Dans une lettre de 1852, datée de Poitiers où Taine professait, on peut lire : « On n'imagine pas quelle désolation c'est de corriger les plates niaiseries emphatiques des élèves, de sentir qu'on n'est pas compris, de rabaisser ses idées et son enseignement, de vivre parmi des gens sans idées ni passion, que les idées et la passion offusquent. *Notre histoire est celle de Julien au séminaire.* »

demeure tout intellectuelle. Aussi devait-on les voir, l'un après l'autre, rejoindre ce terrain solide des principes conservateurs, dont ils s'étaient détournés par leurs façons de penser, non par leur façon de sentir ou de vivre. Dans la société, raffermie et relevée après un court bouillonnement, ils devaient s'intégrer bientôt, sans trouble et sans effort, chacun prenant sa place naturelle. Comment, dès lors, et quand même les circonstances leur en auraient accordé l'occasion, eussent-ils retrouvé l'unisson stendhalien ? Quelle communauté d'émotions ou de souvenirs les eût mis d'accord avec « l'espagnolisme » qui représente la réaction contre toutes les formes de la sagesse bourgeoise, avec cette hyperesthésie qui traduit l'anxiété personnelle, l'attendrissement rétractile et souffrant ? En fait, ils n'ont jamais touché ce fond de souffrance passionnée, et ils n'y pouvaient pas atteindre parce qu'ils ne le trouvaient pas en eux-mêmes. Taine, à force d'intelligence, a pressenti le mystère. Il a deviné que les amis et biographes de Stendhal, même les plus familiers comme Colomb, ne nous livraient pas une image vraie de sa personne, de l'homme vivant qu'il avait été. Mais il lui a manqué la sympathie au sens profond du terme, c'est-à-dire l'analogie des situations et des sensibilités, pour concevoir à son tour la vérité et toucher la vie. Il a saisi l'observateur, le penseur systématique en qui il pouvait se reconnaître, l'artiste dont il partageait les dégoûts et les préférences, mais non pas l'homme, à qui il ne ressemblait pas. Le portrait qu'il a laissé, et qu'on peut juger à certains égards plus grand que nature, devait fatalement omettre des traits essentiels. On y cherche en vain la passion, l'inquiétude et cette solitude désolée parmi les hommes. Au Stendhal positif ne s'ajoute pas, contradictoire et complémentaire, le Stendhal romantique. Cependant, isolé de ce contenu rebelle qu'il ne parvint jamais à comprimer, le beylisme n'est qu'une forme vide. Il faut embrasser à la fois les deux faces de ce génie double, et c'est le méconnaître que le connaître à demi.

※※

La génération qui suivit ne fut pas davantage, et bien loin de là, celle des élus. Les naturalistes de 1865 ne se bornent pas, comme Taine, à diviser l'homme, à éliminer un des aspects de l'œuvre ; ils lui opposent, de toutes parts, la même humeur incompatible. Non point que, dans l'établissement des rapports, ils aient montré de la malveillance ou de la mauvaise volonté. Au contraire, ils le revendiqueraient volontiers pour un maître. L'étude de Zola, remarquablement lucide sur bien des points, frappe par une sorte de déférence affectueuse. En dépit de ces bons sentiments, le naturalisme entretient avec Stendhal le plus irrémédiable des malentendus : participant à peu près des mêmes influences, il les détourne toutes dans un sens opposé.

Zola, par exemple, entend, comme Stendhal, fonder sa construction romanesque sur une assise scientifique. Mais, tandis que Stendhal conçoit la science comme une logique appliquée, acheminant régulièrement la raison vers une suite continue de certitudes, Zola l'entrevoit comme une métaphysique parlant à l'imagination ou à la foi et procédant par grandes hypothèses créatrices. Zola subit l'hérédité du romantisme comme Stendhal en avait subi la contagion. Mais, dans le bagage romantique, il retient exclusivement ce que Stendhal en rejette : le sens de l'expression lyrique, la recherche du pittoresque extérieur, la prépondérance accordée aux « milieux » et à l'univers sensible. Il poursuit la force, l'énergie vitale, la passion, mais la passion qui, chez Stendhal, relève du mécanisme cérébral, ressortit exclusivement chez lui à l'appareil sensuel. Son posivitisme est une religion, son matérialisme un appétit concret de la chair et de la vie, et non plus une combinaison raffinée d'abstractions et de symboles. Aux yeux de Zola et de ses émules, la psychologie de Stendhal n'est donc qu'une mécanique artificielle, sa méthode qu'un jeu de l'esprit, et son œuvre leur paraît manquer de réalité parce qu'elle tient peu de compte de l'individu physique et donne peu de place au monde extérieur. Hors d'état de percevoir le sens profond de la logique stendhalienne, ils répugnent également à s'approprier une notion toute sentimentale de la passion et du bonheur. Réagissant en cela contre les excès du bas romantisme, ils tiendraient volontiers le « sentiment » pour un signe de débilité, quand Stendhal y voit la forme suprême de l'énergie. Un parallèle entre Julien Sorel et le Frédéric Moreau de l'*Education sentimentale* ferait ressortir cette divergence. Dans l'intention de Flaubert, il existe une correspondance évidente entre la façon d'être de Frédéric et sa façon d'aimer ; l'idéalité romanesque de la passion s'accorde avec l'atonie générale du caractère, et une passion de cette qualité chez un personnage si veule fût apparue au contraire à Stendhal comme une anomalie ou comme un miracle.

Méthode et matière, idées et confidences sont donc, au même titre, demeurées étrangères au naturalisme, et la mésintelligence est entière. Chose singulière, on reconnaîtrait plutôt quelque air de famille stendhalien au romancier dont les succès bien pensants balancèrent victorieusement ceux de l'Ecole. Octave Feuillet a, sans nul doute, aimé Stendhal. L'audace de ses héroïnes fait songer à Mathilde de la Môle et son *M. de Camors*, livre important et trop oublié, représente en grande partie une interprétation tendancieuse du beylisme. Assurément, d'autres influences et d'autres intentions concourent à expliquer l'œuvre ; mais, par l'allure et la manière, Camors procède de Julien Sorel plutôt que des types balzaciens. Feuillet a même pénétré avec une justesse particulière ce fond d' « espagnolisme »,

cette religion de l'honneur intime qui, chez les
héros de Stendhal, rehaussent toute l'action, et
la pire inconséquence du livre est que, dans sa
préoccupation morale, Feuillet ait fait commettre à son personnage des actes dont l'honneur aurait dû suffire à le détourner. Mais
cette rencontre est de peu de conséquence, et
Feuillet d'ailleurs, après une fortune éphémère,
cède au naturalisme triomphant. Pendant près
de vingt ans, naturalisme et Parnasse, deux
écoles étroitement unies dans leurs principes
et dans leur objet, détiennent la maîtrise presque sans partage, et rien en eux ne pouvait s'accorder avec un art plus dépourvu que tout autre d'extériorité, de rigueur plastique et d'impassibilité. Les premiers symptômes de réaction apparurent avant 1880. Ils concordaient
avec une de ces crises d'invasion étrangère qui
sont intermittentes, mais périodiques, en
France et qui présentent tour à tour comme
aliment à notre ignorance engouée les Scandinaves, les Espagnols ou les Persans. Vers 1880,
on découvrit les Anglais et surtout les Russes.
Certes, le réalisme humoristique des Anglo-Saxons ou le réalisme mystique des Slaves contrecarraient sur bien des points le naturalisme
français, mais Stendhal ne profita point de leur
vogue, car ils s'opposaient plus fortement encore au beylisme. Dickens reste essentiellement
objectif ; Tolstoï essentiellement altruiste.
Nous savons, par les plus sûrs témoignages,
que Tolstoï admirait *la Chartreuse* et *le Rouge
et le Noir* au-dessus de tous les romans du siè-

cle, et l'on devine les causes de cette prédilection, qui sont la franchise totale de la confession intime, le courage entier de la vérité descriptive. Mais Tolstoï avait beau chérir Stendhal, les Tolstoïens ne pouvaient devenir des Beylistes. Le goût personnel d'un écrivain pour un autre n'empêche pas la contrariété des influences, et rien n'était plus contraire à l'art purement personnel et égoïste de Stendhal que l'attendrissement humanitaire et la religion de la pitié. Un exemple pourrait suffire : personne n'a jugé *le Rouge et le Noir* avec plus de rigueur que E.-M. de Voguë et ses sévérités allèrent jusqu'à inquiéter Taine.

Le critique qui contribua le plus efficacement, par sa grâce armée et insinuante, à accommoder le néo-mysticisme au goût français, M. Jules Lemaître, a reconnu sans le moindre ambage que Stendhal demeurait pour lui un étranger. « Je n'ai jamais parfaitement compris, je l'avoue, cet homme singulier, et j'ai beaucoup de peine, je ne dis pas à l'admirer, mais à me le définir d'une façon satisfaisante. » Il raille doucement le culte qu'on lui voue, « où il y a du mystère et un orgueil d'initiation ». Brunetière le néglige. M. Faguet lui consacre un essai que nul ne pourra plus omettre, tant il est solide, mais où l'on ne sent que le jeu de l'intelligence. Une grande moitié de *la Chartreuse* ennuie M. Faguet à périr, et l'un de ses thèmes directeurs est « la sécheresse » de Stendhal. Cependant, l'ironie même de M. Lemaître suffirait à nous instruire que le culte stendhalien venait, malgré tout, de se réformer. Il s'était même réformé très près de lui, et si l'on persistait à s'étonner qu'il n'y ait pas participé, ni M. Faguet, ni quelques autres, on pourrait, outre la raison de doctrine que nous avons indiquée, en hasarder une plus personnelle. Les carrières fixes et heureuses ne prédisposent pas au beylisme. Vivre d'abord séparé du monde par la claustration de l'internat ou du métier, puis s'y transporter d'un coup avec le prestige d'un grand nom, c'est précisément éluder cette période ambiguë d'apprentissage et d'épreuve qui est le terrain propre de Stendhal. Avant le succès, M. Lemaître et M. Faguet sont des provinciaux en provinces, fixés dans la tâche qu'ils ont choisie et dans le milieu qui est le leur, affranchis par conséquent de tous les tâtonnements, de toutes les anxiétés aventureuses. Après le succès, qui fut immédiat pour l'un et prompt pour l'autre, la question ne se pose plus. On ne commence pas à goûter Stendhal après spécialité choisie et fortune faite. Pour composer à nouveau une église stendhalienne qui, cette fois, se trouvât avec le maître en communauté de cœur, il fallait des provinciaux transplantés à Paris dès l'adolescence ou des Parisiens de modeste origine, introduits sans transition, sans étapes régulières, dans les cercles supérieurs de la société ; tous sans métier défini, privés de l'obligation d'une tâche de la contrainte et de l'appui corporatifs ; tous ambitieux, avides, tendant vers les plus hautes jouissances de la vie des ambitions tremblantes et des appétits maladroits. Cette génération se trouva : ce fut celle des jeunes gens qui avaient commencé de grandir ou de penser après les Années Terribles, et qui, entre 1880 et 1890, opérèrent successivement leur entrée dans la notoriété parisienne. M. Paul Bourget et M. Maurice Barrès en sont les représentants les plus illustres. Ils étaient jeunes et sortaient presque tous d'une étroite bourgeoisie de province. Comme le jeune Beyle chez le grand-père Gagnon, ils avaient connu la solitude de la maison familiale, puis, comme Julien Sorel, la solitude du collège, plus agitée et peut-être moins pénible. Les livres avaient été leurs seuls compagnons, leurs vrais maîtres, non plus seulement, comme pour Taine, les livres qui instruisent et qui font penser, mais les livres sur lesquels on rêve : cris animateurs des poètes, visions évocatrices des historiens ou des romanciers, Hugo et Michelet, Flaubert et Balzac. Ils avaient lu Musset dans le même émoi fébrile que le jeune Musset lisait Byron. Les méthodes de l'éducation, déjà relâchées, exigeaient une application moins constante et moins mécanique ; elles créaient entre les condisciples une communauté moins étroite. Il restait du jeu pour la solitude, pour le cheminement intime d'une strophe ou d'une page, pour l'échange, avec quelques camarades choisis, de l'enthousiasme et de la mélancolie, pour leur refoulement secret vers l'avenir. Par l'exemple de Beyle lui-même, nous savons dans quel sens ces habitudes d'adolescents font pencher les caractères. Elles éveillent de grandes exigences en laissant subsister de grandes faiblesses. Elles excitent la première confiance chimérique dans la bonté des hommes et dans la facilité du bonheur. Elles forment des jeunes gens que dépayseront longtemps les milieux nouveaux et la peur des positions fausses, qu'arrêteront, dans leur appel vers le dehors, la plus légère erreur de goût, la plus fine discordance sentimentale, qui souffriront également de la sécheresse et de la vulgarité. Et, rien au monde n'étant si rare que la perfection du goût sans rien de sec ou que la franchise d'expansion sans rien de vulgaire, l'issue fatale, comme chez Stendhal et ses personnages, sera l'échec quotidien, la déception répétée du cœur, le retour vaincu sur soi-même.

Avec plus ou moins d'allégresse ou d'audace, mais avec le même fonds d'ambition, cette génération de « déracinés » entreprit son aventure juvénile. Ils n'étaient pas, comme les romantiques, une bande de génies militants et triomphants, mais des isolés, des singuliers, chargés chacun de sa fortune, attendant tout de leur contact personnel avec ce monde qui les attirait. Et la société dont ils allaient tenter l'escalade rappelait, de plus près encore que celle de 1848, les lendemains de la grande Révolution. Après 1789, les années de la Guerre et de la Commune sont la plus violente des crises du siècle. Dans l'ordre politique, moral ou religieux, tout se trouva remis en cause ; on vit s'opérer sous le choc les plus étranges revirements, les conversions les plus imprévues ; on vit se redresser, intactes et agissantes, des convictions qu'on pouvait croire endormies depuis cinquante ans. L'obsession du désastre et du danger prolongeait le trouble tout en suscitant l'énergie, et une sorte de dépression nerveuse se mêlait au sursaut moral. Ce fut le temps du pessimisme et de l'espoir, des essais incertains au milieu des ruines. Tandis qu'après les secousses de Février et de Juin la société s'était vite reformée, avait retrouvé promptement son assise dans la béatitude matérielle du second Empire, cette fois la confusion se prolongeait. La France cherchait à tâtons son équilibre, sa loi stable, et, comme il advient nécessairement, ce bouleversement des opinions, des positions intellectuelles et morales apportait le désordre dans les échanges sociaux. Les mêmes symptômes sont communs à l'enfantement ou à la dissolution des démocraties : entre l'ordre rompu et l'ordre latent la place paraît libre, et il semble que toutes ces forces vacantes n'attendent que des mains neuves pour les gouverner. L'histoire, en somme, avait reproduit à nouveau une de ces périodes de clair-obscur dont nous avons tant de fois marqué les signes. De larges ouvertures de société semblaient contenir toutes les promesses de succès et de bonheur ; toutes les élévations paraissaient possibles ; on eût dit que de cette confusion chaleureuse montait comme un appel de toutes les bonnes volontés. C'est cet appel qu'avait entendu ou devancé l'élite des jeunes intellectuels formés par les livres, aiguillés par la rêverie vers les conceptions ardentes de la vie. Petits bourgeois susceptibles ou paysans parvenus, ils avaient subi l'attraction, quitté leur province, ou, dans Paris même, franchi leur cercle natal. Toutes leurs ambitions les portaient à cette aventure ; mais aucune barrière de métier ou de discipline personnelle ne les protégeait plus contre le risque. Et, durant les premiers contacts, ils allaient fatalement éprouver quels solides fondements de hiérarchie subsistaient sous le bouillonnement superficiel ; ils allaient apprendre à leur tour que, dans un pays de longue tradition, les cadres et les castes ont toujours plus de résistance qu'on ne croit, et que, même dans une société fondée sur l'égalité théorique des droits, il n'y a pas d'égalité pratique entre les hommes.

M. Paul Bourget et M. Maurice Barrès ont dressé, à dix ans de distance, le bilan psychologique de cette génération. Ses caractères dominants sont l'extrême attention à la vie intérieure et la réceptivité intellectuelle. Elle était ardente, bien que dépourvue de foi, — du moins en ce temps, — prodigieusement curieuse, mais sans doctrine définie, ouverte à tous les courants d'idées et à toutes les catégories d'émotions. Il lui manquait également la modestie qui s'accommode des différences et des hiérarchies, l'activité conquérante qui les brise. Ainsi s'expliquent tout à la fois par la nature du milieu social et par celle des individus les heurts de l'accommodation première.

Tout changeait pour ces jeunes gens si Paris leur avait fourni, dès l'arrivée, une famille, une compagnie égale, un grand emploi, et Stendhal aussi n'eût pas subi son épreuve si, comme certains de ses compagnons, il avait trouvé les éléments tout prêts d'une fortune, d'une société, d'un état. Mais le déraciné n'est pas seulement celui qui quitte sa province, c'est celui qui la quitte pour l'aventure, qui accourt à la ville quêtant sa place incertaine, l'espérant des hommes et du hasard. Stendhal attendait, pour la parfaite éclosion de sa gloire, ce public de déracinés souffrants, de dilettantes laborieusement parvenus, d'intellectuels mêlés au monde sans y appartenir, et consolant leur dépendance apparente par le sentiment intime de la supériorité.

Ajoutons aussitôt qu'une étroite analogie spirituelle fortifiait les correspondances sociales. En parcourant les *Essais de psychologie* de M. Bourget, on aperçoit sans peine que les jeunes gens dont il est le porte-parole se trouvaient, si l'on peut dire, au confluent des mêmes courants intellectuels et sentimentaux qui avaient enveloppé Stendhal. Vers 1885, le méthodisme scientifique de Taine et de Renan entrait en contact avec une dernière poussée du romantisme, ou, si l'on préfère, avec un néo-romantisme renaissant. « Nous avons grandi dans la foi rationaliste », a dit quelque part M. Anatole France, et M. Bourget n'eût assurément pas renié cette parole d'un grand aîné: Toute cette génération avait grandi en effet dans la foi, ou dans l'illusion, qu'un passage d'*Henri Brulard* exprime avec tant de grâce crédule. « Je me figurais, à quatorze ans, que les hautes mathématiques, celles que je n'ai jamais sues, comprenaient à peu près tous les côtés des objets, qu'ainsi, en avançant, je parviendrais à saisir des choses sûres, indubitables, et que je pourrais me prouver à volonté, sur toutes choses... » Cette croyance, fortifiée par Taine et ses contemporains, que la logique permet de saisir autre chose que la forme des idées, et la mathématique autre chose que la quantité des objets, que la méthode fournit des règles universelles, que les procédés d'analyse et de généralisation scientifique s'appliquent à la vie, à la conduite, au bonheur, cette croyance est précisément l'un des pôles du beylisme. Mais, en 1885, on ne la professait déjà plus sans alarme et sans partage. L'unité de doctrines, l'assurance catégorique de l'esprit ne conviennent pas à des périodes de troubles. L'inquiétude personnelle, les préoccupations humanitaires, l'essor latent d'une sensibilité inadaptée allaient bientôt défrayer un lyrisme nouveau dont on percevait déjà les prodromes. Si Taine fut l'un des maîtres de M. Bourget, l'un de ses parrains dans l'initiation au beylisme, l'autre fut sans doute le lyrique Barbey d'Aurevilly. Quelques-uns des maîtres de cette génération, M. Barrès, par exemple, ont si longuement oscillé entre ces deux tendances opposées, entre les constructions rigoureuses à la Taine et les évocations passionnées à la Chateaubriand, qu'ils n'ont jamais fait délibérément leur choix et que leur originalité profonde tient à la persistance du mélange. Or, ce mélange est stendhalien, ou, plutôt, cette coexistence d'éléments contraires et qui ne s'altèrent pas par leur contact.

On peut pousser le parallèle plus loin et jusqu'à de plus menues ressemblances. Chez les écrivains de 1885, élevés d'un bond au sommet de la culture, introduits dans l'intelligence ou dans l'art par une brusque investiture, on sent le même resserrement orgueilleux, la même conscience altière de l'élite. La réaction contre les médiocrités bourgeoises, contre la mesquinerie des milieux familiaux, leur inspire, au moins pour un temps, le goût des harmonies luxueuses, de la vie nomade, des types ou des mœurs cosmopolites, l'horreur méprisante de cette « bassesse bourgeoise » que, disait Stendhal, « mes personnages ne peuvent pas avoir » Que cet « espagnolisme », chez quelques-uns, ait dévié et pris la forme du snobisme, c'est ce dont l'histoire littéraire jugera. Chez beaucoup d'entre eux et de leurs successeurs immédiats, le sens de l'égalité et l'amour foncier de la justice se mêlent, comme chez Stendhal, au sentiment hautain de l'être d'exception, et ainsi put se développer une sorte de haine sociale, dont on sait suffisamment que les effets furent quelquefois poussés assez loin. Julien Sorel a connu des crises de jacobinisme sanguinaire. C'est que les premières déceptions, les souffrances solitaires laissent parfois des traces ineffaçables et le monde finit alors par ne plus représenter que le rappel des injustices subies. Enfin, par une dernière analogie, qu'accusa, sans nul doute, la protestation intime contre certains excès de naturalisme, leur notion de l'amour est moins sensuelle encore que celle de Stendhal. Dans aucune œuvre de ce temps, mis à part M. France et M. Pierre Loti, on ne perçoit de sensualité véritable. La passion elle-même est conçue et décrite comme un mécanisme purement cérébral, la conquête amoureuse comme une tactique, et l'analyse, en fin de compte, au lieu de toucher l'amour même, n'atteint que l'imagination ou que l'orgueil.

*
* *

Dans celui des romans contemporains qui approche le plus de la manière et de la saveur stendhaliennes, l'*Ermeline* de M. Abel Hermant, le héros — lequel, à vrai dire, n'est qu'une image transposée du Beyle de 1800 — déclare avec une lucidité digne de son modèle : « Je serai compris lorsque l'univers engendrera, par un développement naturel, des êtres bâtis comme je le suis moi-même par exception et par suite d'un hasard révolutionnaire... » Lorsque Stendhal annonçait d'avance : je serai lu vers 1880, nul doute qu'il enveloppât dans sa boutade le sens si précisément dégagé par M. Hermant. Pour couronner le miracle, il se produisit au jour dit. L'époque précise que Stendhal avait jetée au hasard de sa prophétie enfantait des êtres analogues à lui, non plus seulement par les prédilections de l'intelligence, mais par les plus fines particularités du sentiment. Aussi leur ferveur dépassa-t-elle de bien loin le goût littéraire et l'admiration théorique d'un Taine. Ils avaient reçu le choc au cœur, et leur entraînement ressembla moins à l'admiration qu'à l'amour. Parmi les preuves et les documents, qui surabondent, M. Adolphe Paupe a retrouvé le plus significatif : c'est une chronique du journaliste Léon Chapron qui, en 1882, détenait à l'*Evénement* le Courrier de Paris et la critique, et dont la notoriété de boulevard n'a guère survécu à une fin prématurée. Pendant l'entr'acte d'une première représentation, Chapron s'était réfugié au cabaret le plus proche, lorsqu'il vit entrer le vieux Barbey d'Aurevilly, flanqué d'un jeune homme à l'aimable visage. « On eût dit d'Antigone — en chapeau haute forme et complet bleu sombre — guidant les pas d'Œdipe. » Le jeune homme, qui était las ou que la pièce ennuyait, se laissa tomber sur une chaise, non sans accompagner son geste de ce cri : « Ouf ! je suis dans un état d'imagination renversée. » Chapron sursauta. La formule l'avait atteint à l'endroit sensible, puisqu'elle était empruntée, comme on s'en souvient, au *Rouge et Noir*, et tout aussitôt surgit en lui le désir de répondre à l'inconnu par un signe de reconnaissance. « Négligemment, dit-il, et faisant celui qui n'a pas l'air, je murmurai entre haut et bas, parlant de l'auteur de la pièce : Ah ! si les lettres de cachet existaient encore, il n'eût pas osé. » L'Antigone de Barbey tressaillit à son tour. « Ces deux citations, ajoute Chapron, avaient placé cet inconnu et moi sur un terrain ami. C'est une sorte de franc-maçonnerie que l'admiration, j'oserai dire la folie du *Rouge et Noir*. » Là-dessus entre par hasard M. Jean Richepin, qui était encore un stendhalien, ou mieux un Rougiste, « un peu inférieur » cependant, car « à partir de la deux centième page, certaines parties du texte lui échappaient ». M. Jean Richepin présente les deux jeunes gens l'un à l'autre ; le jeune homme en chapeau haute forme et en complet bleu sombre n'était autre que M. Paul Bourget. Il ne fut plus question de rentrer au théâtre. Jusqu'à une heure avancée de la nuit, M. Paul Bourget et M. Chapron se récitèrent l'un à l'autre *le Rouge et le Noir*. La foi commune était si ardente, elle jaillissait de couches sentimentales si profondes, qu'elle créa l'amitié en coup de foudre, comme l'eût fait une confidence d'amour. Quelques mois plus tard, en souvenir « des confessions communes et des enthousiasmes partagés », M. Paul Bourget dédiait à Léon Chapron son recueil de vers, *les Aveux*.

Rien n'est plus gracieux ni plus frappant que cette anecdote. Elle fait saisir dans sa marche ce vertige collectif, cette « folie » de stendhalisme, ou plutôt, comme dit Chapron, de Rougisme, qui se propageait alors dans toute une portion de la jeunesse. Les journaux et papiers personnels n'étaient pas encore publiés. *La Chartreuse,* que Taine et ses amis avaient tout naturellement préférée, puisque le mécanisme psychologique y apparaît en pleine ampleur, éloignait quelque peu ces fanatiques par un ton de mélancolie distante et d'intime sérénité. Mais, dans *le Rouge et le Noir*, ils pouvaient étancher toutes leurs ardeurs, discerner et consoler toutes leurs inquiétudes. Le livre fut pour eux le Livre, la Bible, le recueil sacré qu'on peut ouvrir au hasard et dont chaque phrase répond à une émotion éprouvée, résout une angoisse, explique un chagrin. Dans le sonnet dédicatoire à Léon Chapron, M. Paul Bourget préfère Stendhal à Shakespeare, à Balzac, à Byron. « Rien ne vaut *le Rouge et le Noir...* Livre unique, aussi tendre et rêveur qu'infernal... » L'essai sur Stendhal dans les *Essais de Psychologie* est une sorte de déclaration, quelque peu contrainte dans ses façons par la rigide armature de la méthode tainienne. Dans l'unique journal qu'il ait dirigé, M. Maurice Barrès devait créer pour Stendhal une rubrique spéciale et régulière, ces « Petits mardis » de *la Cocarde*, rédigés par M. Léon Bélugou et qu'on voudrait voir réunir. Il serait vain de critiquer ces jugements et ces soins au point de vue de l'équité littéraire. La dévotion des stendhaliens n'exprimait pas une opinion de lettrés, ils semblaient y engager leur vie même. L'analogie de la formation et des circonstances les avait logés au cœur même de la sensibilité de l'écrivain, et ils se confondaient avec lui et avec son héros. Cette passion put se modérer avec l'âge, avec le succès, avec l'installation dans des groupes sociaux définis. Quand les déracinés eurent poussé des racines neuves, d'autres forces purent lui faire équilibre et même la neutraliser. Mais elle était si forte et venait de si loin que la trace ne s'en effaça plus. Le beylisme, ou, comme a dit M. Bourget, le romantisme analytique, opère des effets incurables quand il est administré au sujet requis dans des conditions opportunes. Quels que soient les hasards futurs et la fortune, des signes indélébiles marqueront toujours ceux qui ont vécu jusqu'à la souffrance l'aventure de Julien Sorel et de Stendhal, « l'indéfinissable déception, l'étourdissement, cette griserie d'orgueil et cette angoisse de gaucherie... »

Pour toute une génération, longuement préparée à cette fin, son œuvre fournissait la clé, le miroir clarifié de l'âme commune. Cependant, était-il compris avec une entière, une pure exactitude ? Car enfin, il était encore plus aimé que compris, et il entre toujours un peu de malentendu dans l'amour. Les stendhaliens de 1850, trop exclusivement attachés à la méthode rationnelle, avaient omis le fond intime, la tendresse avide et blessée, toute l'insatisfaction, tout le romantisme. Peut-être les stendhaliens de 1885, tirant l'œuvre en sens contraire, en ont-ils exagéré le sens personnel et négligé ou méconnu le contenu logique. Comme Taine, mais dans une direction opposée, ils ont interprété Stendhal en se guidant sur la ressemblance la plus marquée, la plus pressante qu'ils se reconnussent avec lui. Obsédés par l'analogie des positions sentimentales, ils ont parfois perdu de vue que la méthode, chez Stendhal, oppose un contrepoids rigoureux à l'épanchement émotif, qu'elle est autre chose qu'une dépendance ou qu'un instrument de la sensibilité, qu'elle prétend à une vertu propre et à une portée générale. Nous avons déjà, au cours de la route, éclairci ces dissentiments. Les stendhaliens de 1885 ont réduit le beylisme, qui est un procédé de connaissance et de conduite universelle, à un procédé d'introspection et de division psychologique. Se méprenant sur l'objet de la méthode comme sur ses moyens, ils l'ont aiguillée vers le succès pratique et la conquête, alors que Stendhal la dirige vers une notion toute désintéressée du bonheur. Analyse et arrivisme, ces deux mots enferment le malentendu qui, déjà latent chez les maîtres, devait éclater dangereusement chez les disciples. Il y a vingt ans, des milliers de jeunes gens n'ont plus cultivé Stendhal que comme un professeur d'énergie froide, de rouerie, de logique impitoyable. Dans la scène des tilleuls où Julien Sorel, mourant d'angoisse, prend la main de madame de Rénal, ils ne perçurent plus que l'effort tiré de soi-même, l'ordre impérieux : « Marche, carcasse ! » l'audace que la volonté impose à un corps tremblant. Stendhal alimenta chez eux une sorte d'énergie d'orgueil, toute cérébrale, masquant la pénurie sensuelle, la délibilité des appétits. Lieutenant de grenadiers à cheval, maître de l'intrigue à la Machiavel, historien des revanches plébéiennes, ces traits, vrais ou faux, masquèrent le reste. On aima Julien pour ses manigances et ses duretés, qui pourtant ne sont que l'armure protectrice d'une tendresse étouffée. « Nous lui aurions voulu plus d'hypocrisie encore, disait déjà Léon Chapron, pour mater et dompter cette insolente patricienne. » Stendhal dénaturé finit par servir de bréviaire aux êtres qu'il aurait le plus méprisés, à de petites volontés tendues vers les plaisirs médiocres et les profits matériels, à de petits esprits pleins d'égoïsme et de morgue, incapables d'un sentiment ardent et d'un sacrifice.

*
* *

C'est ainsi que, pareil à beaucoup de religions, le dogme stendhalien dévia peu à peu de la pensée originelle. Nous n'en pourrions plus suivre l'histoire sans toucher à des questions trop actuelles, et surtout sans aventurer de trop hasardeuses conjectures. Tout au plus pourrait-on noter que, après 1895, le fanatisme baissa peu à peu, qu'il devint même un sujet d'étonnement pour une génération nouvelle qui ne le partageait plus. Les interprétations vicieuses de certains disciples avaient peut-être quelque part à ce revirement, mais on en pressent la raison véritable. Les conditions générales de la formation et de la vie avaient changé ; elles ne se prêtaient plus au même travail d'identification sentimentale. L'éducation n'enfermait plus les jeunes gens dans la lecture, dans la réflexion intime. La pratique des sports rompait leur solitude ; la musique canalisait leur penchant à la rêverie : de grands courants collectifs avivaient, mais dirigeaient chez eux le goût de l'action. Dans la société, par une contradiction singulière, les conditions et les rapports s'égalisaient de plus en plus, en même temps que les principes hiérarchiques et les sentiments conservateurs fortifiaient régulièrement leur consistance. Au-dessus de ces bases consolidées, les nuances s'effaçaient, les barrières tombaient et ainsi, par un double effet, se dissolvait le milieu propre du beylisme.

A considérer la plus récente génération littéraire, on croirait reconnaître au premier regard, mêlés ou juxtaposées en elle, deux tendances maîtresses du beylisme. Elle est à la fois scientifique et romantique, logique et quasi mystique, critique et passionnée. Mais elle fait moins de crédit que Stendhal à la méthode, ou même à l'intelligence ; son appétit de passion est plus solide, plus substantiel dans ses besoins, aiguisé par une sensualité plus vraie. Elle ne place au même lieu ni sa foi ni ses doutes. Avant tout, par l'effet des événements, il lui manque la susceptibilité sensible, le malaise social. Stendhal n'est plus pour elle un ami d'élection, un conducteur et un révélateur d'âmes, mais simplement un grand écrivain. Qu'on se reporte aux pages si dignes que lui a consacrées M. André Suarès. On y retrouvera les plus amples, les plus importantes louanges.

Stendhal est le grand homme, le poète de la France ou même de l'Europe révolutionnaire... « Rien ne lui fait défaut que le génie lyrique... Son style est le dessin le plus aigu, presque sans ombre et sans couleur. Il est nu comme la ligne. Il rappelle Lysias et l'orateur attique. » M. Suarès perçoit avec une lucidité parfaite la dualité de l'homme et cette expansion passionnée qu'empêche de percevoir l'excès d'esprit. Il note tour à tour que « pour l'intelligence, si on égale Stendhal, personne ne le passe », et que cependant, « il regarde l'état de passion comme le seul où l'on vive, et n'envie que d'être toujours en passion ». On le voit, la complexité contraire des dons est clairement désignée, mais elle est saisie dans son achèvement, dans sa maîtrise, non plus dans son ballottement douloureux. M. Suarès dira de Stendhal : « C'est un homme qu'on se figure toujours dans l'âge mûr, fort pour la vie et déjà usé », ou encore, « c'est un inventeur de caractères... » ou même « il a ses fortes tristesses qu'il cache dans ses livres ». Une telle vision, de tels jugements sont également significatifs. Dans ce Stendhal mûri, dans cette œuvre dépersonnalisée, on ne sent plus le débat, l'instabilité intime, les froissements d'orgueil, les désillusions de la tendresse, tout ce qui pouvait, en un mot, créer avec lui comme une communion sentimentale. L'image dressée est grande et juste, mais trop au repos ; il y manque ces expressions secrètes qui venaient toucher le cœur comme un aiguillon.

Peut-être entrait-il dans la destinée de cet homme si simple de n'être jamais compris et accepté simplement. Les romantiques l'ignorent, ou le ravalent au rang subalterne d'un amateur spirituel, alors qu'il est un grand esprit et un grand artiste. Les normaliens de 1850 ne voient en lui qu'un voltairien, un écrivain sans emphase, un homme qui sait raisonner sur les sentiments et qui a deviné la psychologie scientifique, alors que son originalité, ou même son génie, est de combiner la plus froide clairvoyance avec la susceptibilité la plus ardente, d'adapter sa rigide méthode à une faculté infinie de souffrance, à un goût presque lyrique de la passion. Suivant l'exigence de Pascal, il joint à l'excès d'une vertu l'excès de la vertu opposée, et l'un sans l'autre ne serait rien. Les littérateurs de 1885, éclairés par l'analogie des conditions, touchent l'homme de si près que son œuvre paraît s'absorber en leur vie, mais, à leur tour, ils font leur choix partial dans le mélange. Ils restreignent la sensibilité stendhalienne ; ils la privent de cette pureté désintéressée que lui confèrent le voisinage d'un grand système et une idée parfaitement libre du bonheur. On les voit progressivement isoler, dans l'homme, l'égotiste, l'analyste, l'apôtre de l'action coûte que coûte. Répétons-le une fois de plus : tout l'effort de Stendhal artiste est de montrer la force nue de la passion ; toute la doctrine de Stendhal moraliste tend vers une idée du bonheur où l'action ne tient aucune place. Sans doute aurait-il distingué entre l'action telle qu'elle s'offrait de son temps et l'action telle qu'elle est possible au nôtre. Il aurait prévu qu'il est dangereux de conseiller l'énergie sans lui proposer en même temps son objet utile, et désavoué d'avance l'enseignement qui, pour emprunter un exemple à l'œuvre romanesque de M. Barrès, produit des Racadot et des Mouchefrin. Mais, en fait, la seule énergie qu'il ait jamais conseillée est celle du cœur, et l'action avait, à ses yeux, ce tort inexpiable qu'elle détourne de l'art ou de l'amour. La terre qu'il a choisie et déplorée est l'Italie de 1820 — une Italie sans vie politique, sans armée, sans distinctions sociales, mais où se trouvaient à portée des musées, des théâtres, des musiciens et des poètes qui lui semblaient les premiers du monde, des femmes qui ne craignaient pas d'aimer, où nulle ambition n'était possible que celle du séducteur et de l'artiste, où tout parlait, où rien ne distrayait de la passion.

Aujourd'hui sa gloire est acquise. Les écoles ou les partis le revendiquent chacun pour soi, et la contrariété de ses dons explique suffisamment ce genre de disputes. Récemment encore, le nationalisme littéraire essayait d'accaparer cet écrivain d'un goût si français, mais qui a traité ses compatriotes à peu près comme Nietzsche traite les siens, et qui le plus souvent, suivant la formule de M. Suarès, est Européen contre la France. On étudie sa vie, on publie et l'on commente son œuvre ; on catalogue ses qualités et ses opinions. Son nom paraît soustrait à toute contestation et notre jugement ne fait que devancer sans doute celui de la postérité. Mais est-il bien sûr que Stendhal soit fait pour les modes normaux de la gloire ? Aux jugements officiels, consacrés par l'opinion et enregistrés par les manuels de littérature, à la curiosité ou à la complaisance de la foule, n'eût-il pas préféré le don ardent d'une élite, quelque chose comme la ferveur de ces « Rougistes », en qui chaque phrase éveillait un souvenir, une leçon, une réflexion studieuse sur soi-même. Avoir tenu d'avance le journal intime de quelques jeunes gens « capables de sentir », Stendhal n'eût pas souhaité de plus grand destin. Aujourd'hui son nom, trop largement, trop tranquillement illustre, commence à entrer dans une sorte de recul un peu froid. Dans l'église stendhalienne, la plupart des adeptes ont atteint, ou passé, la maturité de leur âge, et il ne s'en recrute guère de nouveaux. L'admiration s'est consolidée et propagée, mais elle a perdu en profondeur ce qu'elle gagnait en certitude et en étendue. Ce n'est plus l'amour, ce n'est plus cette foi tremblante qui se confiait comme un aveu.

Pour présager l'avenir, il faudrait pouvoir prédire du même coup dans quel sens évoluera la société française. *Le Rouge et le Noir* et *la Chartreuse* demeureront deux chefs-d'œuvre de notre littérature romanesque. Nul doute sur ce point et l'on peut tenir le classement pour définitif. Mais il y a, dans une littérature, deux sortes de grands hommes et deux sortes de chefs-d'œuvre : les grands hommes agissants et les grands hommes nominaux et inertes ; les chefs-d'œuvre qui s'incorporent à notre vie, ceux qui restent distants de nous, et qu'on a lus, une bonne fois, pour se débarrasser d'un devoir. Suivant les temps, les livres de Stendhal seront plus ou moins présents et actifs. Stendhal est l'homme des moments confus, des mélanges sociaux, des périodes désordonnées. Chaque fois que dans la formation individuelle des caractères, les sensibilités pourront s'aiguiser sans objet et sans discipline, chaque fois que, par le développement naturel de l'histoire, les classes sociales se trouveront brouillées à leur surface et séparées dans leurs fondements, de larges catégories de jeunes gens occuperont vis-à-vis du monde le même poste équivoque, risqueront les mêmes stations douloureuses. Avec le retour des événements stendhaliens, anxiété personnelle, contrariété des influences, alternatives de l'appel et de l'accueil, on verra se raviver la foi stendhalienne. Dans les intervalles, Stendhal, sans doute, ne sera pas oublié, il ne peut plus l'être ; mais il ne sera qu'admiré comme les autres. Il comptera tout au plus quelques fidèles isolés, ceux qu'aura rapprochés de lui telle coïncidence particulière, peut-être ceux qui auront conservé, au fond d'eux-mêmes, un peu plus d'attendrissement rêveur et de candeur d'âme. Ce sort est le plus beau, et il ne faut pas lui en souhaiter d'autre. C'est un rare mérite pour un artiste que la pleine pénétration de son œuvre dépende de certains états sociaux, puisque alors il en a livré la traduction la plus fidèle et la plus forte ; c'est une douce récompense quand la pleine sympathie dépend de certains états du cœur, et reste liée à la fraîcheur ou à la permanence profonde de la jeunesse.

FIN

TABLE

Préface de la deuxième édition IX
Préface de la troisième édition XIII
La personne de Stendhal 1
Stendhal et ses personnages 69
Dessin théorique du beylisme 119
Stendhal et le romantisme 165
Histoire du beylisme 199

DU MÊME AUTEUR
aux Éditions Albin Michel

ŒUVRES 1891-1950
(*en neuf volumes*)

*L'impression de ce livre a été effectuée
par l'Imprimerie Aubin à Ligugé
pour les Editions Albin Michel*

Achevé d'imprimer le 5 février 1983
N° d'édition. 7834. N° d'impression, L 15261
Dépôt légal, mars 1983

Imprimé en France